Susanne Oswald (Hrsg.)

Das Glück der späten Jahre

Inspirierende Texte über das Älterwerden von
Sven Kuntze, Wilhelm Schmid, Joachim Fuchsberger
und vielen anderen

Bibliografische Information der Deutschen Nationalbibliothek:
Die Deutsche Nationalbibliothek verzeichnet diese Publikation in der
Deutschen Nationalbibliografie; detaillierte bibliografische Daten
sind im Internet über http://d-nb.de abrufbar.

Für Fragen und Anregungen:
info@m-vg.de

2. Auflage 2020

© 2016 by mvg Verlag, ein Imprint der Münchner Verlagsgruppe GmbH,
Nymphenburger Straße 86
D-80636 München
Tel.: 089 651285-0
Fax: 089 652096

Alle Rechte, insbesondere das Recht der Vervielfältigung und Verbreitung
sowie der Übersetzung, vorbehalten. Kein Teil des Werkes darf in irgendeiner Form (durch Fotokopie, Mikrofilm oder ein anderes Verfahren) ohne
schriftliche Genehmigung des Verlages reproduziert oder unter Verwendung elektronischer Systeme gespeichert, verarbeitet, vervielfältigt oder ver-
breitet werden.

Dieses Werk wurde durch die Literaturagentur Beate Riess vermittelt.

Umschlaggestaltung: Kristin Hoffmann
Umschlagabbildung: Shutterstock, Elenamiv
Satz: Daniel Förster, Belgern
Druck: GGP Media GmbH, Pößneck
Printed in Germany

ISBN Print 978-3-86882-719-4
ISBN E-Book (PDF) 978-3-86415-985-5
ISBN E-Book (EPUB, Mobi) 978-3-86415-986-2

Weitere Informationen zum Verlag finden Sie unter

www.mvg-verlag.de

Beachten Sie auch unsere weiteren Verlage unter www.m-vg.de

INHALT

Vorwort 5

Anselm Grün
Die hohe Kunst des Älterwerdens 6

Einleitung 7
Der Sinn des Alters 14
Literatur 25

Joachim Fuchsberger
Altwerden ist nichts für Feiglinge 26

Vom Boandlkramer und Weißwursthimmel 27
Das hat's früher nicht gegeben...? 30
Altwerden ist nichts für Feiglinge 38

Jane Fonda
Selbstbewusst älter werden 40

Bogen und Treppe 41
Der dritte Akt: Ganzwerdung 52
Lebensbilanz: Rückblick und Vorschau 56

Ruth Maria Kubitschek
Anmutig älter werden 64

Die Chance erkennen 65

Sven Kuntze
**Altern wie ein Gentleman. Zwischen *Müßiggang*
und *Engagement*** 70

Das Recht auf Müßiggang 71

Bill Mockridge
In alter Frische. Ein grauer Star packt's an 100

Vital und Fit 101

Der Griff nach dem Strohhalm 107

Alles aus einem (Auf-)Guss 115

Heidelberg und der Rest der Welt 119

Sissi Perlinger
Ich bleib dann mal jung 128

Der dritte Akt 129

Wo gehöre ich hin? 145

Ü50 als Chance 149

Seneca
Von der Seelenruhe/Vom glücklichen Leben 158

Von der Kürze des Lebens 159

Wilhelm Schmid
**Gelassenheit. Was wir gewinnen,
wenn wir älter werden** 176

Vorwort 177

Gedanken zu den Zeiten des Lebens 184

Dr. med. Eckart von Hirschhausen
Glück kommt selten allein 190

Alter Verwalter 191

Zukunft jetzt! 196

Stille halten 202

VORWORT

Liebe Leserinnen, liebe Leser,

Alt werden – ja bitte, doch alt sein – nein danke. Diesem Zwiespalt der Gefühle begegnet man immer wieder, wenn man sich mit dem Alter und dem Älterwerden beschäftigt. Spricht man aber mit den vermeintlich Alten, dann wird schnell klar, dass alt sein und sich alt fühlen zwei vollkommen unterschiedliche Ansätze sind. Die Menschen, die sich die Fähigkeit bewahren, Glück zu fühlen, Freude, Liebe und Lebenslust, haben nie das Gefühl, alt zu sein. Ihnen steht auch mit 80 oder 90 und darüber hinaus die Welt noch offen. Es ist eine Frage der Einstellung. Das bedeutet nicht, dass diesen Menschen ihr Alter nicht bewusst ist. Es beeindruckt sie nur nicht. Sie sagen nicht: In meinem Alter kann ich das nicht mehr. Sie tun es einfach. Sie probieren aus, was möglich ist und was nicht. Und sie blicken voller Freude und Dankbarkeit auf das zurück, was sie erleben durften, was ihr Leben reich macht. Wenn man das Glück hat, als noch nicht Alter mit solchen Menschen in Kontakt zu kommen, dann weiß man plötzlich: Die Sonne scheint auch auf das alte Haupt und wärmt. Man erfährt vom Glück der späten Jahre und lernt, dass es Wege gibt, sich diesen Schatz zu bewahren. Alt sein? Ja bitte. Solange ich mich nicht alt fühle!

Ich wünsche Ihnen Glück in jeder Ihrer Lebensphasen,

Ihre Susanne Oswald

Anselm Grün

Die hohe Kunst des Älterwerdens

© 2007 Vier-Türme GmbH, Verlag
97359 Münsterschwarzach Abtei
Ungekürzte Ausgabe 2010
Deutscher Taschenbuch Verlag GmbH & Co. KG, München
(S. 7–22)
Abdruck mit freundlicher Genehmigung

EINLEITUNG

Henri Nouwen, der Theologe und geistliche Schriftsteller, beginnt sein Buch über das Älterwerden mit einer balinesischen Legende:

>*Es wird erzählt, dass in einem entlegenen Bergdorf einstmals ein Volk seine alten Männer zu opfern und dann zu essen pflegte. Es kam der Tag, an dem kein einziger alter Mann übrig war und die Überlieferungen verloren gegangen waren. Nun wollten sie ein großes Haus für die Versammlungen ihres Rates bauen, aber da sie die Baumstämme betrachteten, die für diesen Zweck geschlagen worden waren, konnte keiner sagen, was unten und was oben war: Würden nämlich die Balken verkehrt herum aufgestellt, würde das eine ganze Kette von Verhängnissen auslösen. Ein junger Mann sagte, er könnte wohl eine Lösung finden, wenn sie versprächen, keine alten Männer mehr zu essen. Sie versprachen es. Er führte seinen Großvater herbei, den er versteckt gehalten hatte; und der alte Mann sagte der Gemeinschaft, wie man das obere vom unteren Ende unterscheiden kann.«*

Diese Legende ist heute aktueller denn je. Denn auch wir sind in Gefahr, unsere Alten zu »verzehren« und zu op-

Das Glück der späten Jahre

fern. Die heute weitverbreitete Klage über die Überalterung der Gesellschaft hat oft einen aggressiven Unterton. Wir sondern die Alten zugleich ab und schließen sie aus der Gemeinschaft der Jüngeren aus. Manche Veröffentlichungen und Stimmen in der öffentlichen Diskussion sehen die vielen Alten als Zumutung für unsere Gesellschaft und als Last für die nachwachsende Generation. Die Legende aus Bali zeigt uns, dass wir die Alten nicht auf dem Altar finanzieller Berechnungen opfern dürfen. Würden wir dies tun, dann würden uns alte Weise fehlen, die in den Fragmenten unserer Existenz noch wissen, was oben und was unten ist. Wir brauchen auch heute alte Menschen, die uns sagen, wie die Bruchstücke unseres Lebens zusammengehören und wie wir für unsere Gemeinschaft und Gesellschaft ein tragfähiges Haus bauen können. In der Legende weiß der Großvater, was oben und was unten ist, welches die Maßstäbe sind, nach denen das Leben gelingt. Wenn uns die alten weisen Menschen abhandenkommen, dann verliert die Gesellschaft das Gespür für das rechte Maß.

Frühere Zeiten haben die Alten hoch geschätzt. Sie waren der Reichtum eines Volkes. Als Mose auf dem Weg ins Gelobte Land vor dem Volk ein Lied singt und es auf Gottes Willen verweist, lenkt er ihren Blick auf die alten Menschen im Volk:

»Frag die Alten, sie werden es dir sagen.«

(Dtn 32,7)

In den Alten – so weiß es Mose – ist ein Wissen, das das Volk braucht, um gut leben zu können. Heute dagegen wird die Jugend als alleiniges Ideal gesehen: Wir sollten immer jung bleiben. C. G. Jung meint, es sei eine Perversion der Kultur, wenn sich die Alten wie Junge gebärden und meinen, sie müssten die Jungen an Arbeitseifer und Leistung übertreffen. Wir brauchen heute in unserer Gesellschaft ein neues Gespür für die Weisheit und für den Sinn des Alters. Damit heben und schützen wir den Schatz, den die Gesellschaft in sich birgt. Und zugleich lässt uns die Wertschätzung des Alters auch unser eigenes Älterwerden positiv betrachten. Jeder Mensch wird täglich älter. Das Nachdenken über das Alter ist daher nicht nur für die alten Menschen wichtig, sondern für jeden Menschen. Sein Leben gelingt nur, wenn er sich dem Prozess des Älterwerdens stellt. Altern ist eine Grunderfahrung des Menschen. Über das Alter zu reflektieren ist daher immer auch ein Nachdenken über das Geheimnis des Menschseins an sich.

Der Mensch wird von allein alt. Aber ob sein Altern gelingt, hängt von ihm ab. Es ist eine hohe Kunst, in guter Weise älter zu werden. Kunst kommt von »können«, das ursprünglich mit »wissen«, »verstehen« und mit »kennen« zusammenhängt. Die Kunst des Älterwerdens verlangt ein Wissen um das Geheimnis des Alters. Und sie braucht Übung. Kunst gelingt nicht von allein. So geht es darum, das Älterwerden in einer guten Weise einzuüben. Es muss aber nicht alles perfekt sein. »Es ist noch kein Meister vom Himmel gefallen«, sagt das Sprichwort. Wer die Kunst des Älterwerdens erlernen will, darf dabei auch Fehler machen. »Durch Fehler wird man klug«, sagt ein anderes Sprichwort.

Für den griechischen Philosophen Platon hat Kunst immer etwas mit Nachahmung zu tun. Der Mensch ahmt das nach, was er in der Natur sieht und was er in den Ideen schaut, die Gott ihm eingibt. Und für Platon braucht es die Gestaltungskraft des Menschen, um im Nachahmen etwas Kunstvolles zu schaffen. Das Älterwerden will gestaltet werden. Es orientiert sich am Wissen um das Geheimnis des Menschen und an der Kenntnis seiner inneren Entwicklung. Aber es verlangt auch die Lust, das nach eigenem Geschmack zu gestalten, was mir in meinem Menschsein vorgegeben ist. Der Medizinhistoriker Heinrich Schipperges spricht von der je eigenen Gestaltung und dem je eigenen Weg in der Kunst des Altwerdens:

»Den Weg zu dieser Kunst des Altwerdens und zum Kunstwerk des Altgewordenseins freilich muss letztlich jeder für sich selber finden. Sein Alter nimmt einem keiner ab.«

(Schipperges 113)

Es gibt Grundregeln für die Kunst des Altwerdens, die für jeden gelten. Dazu gehören die Schritte des Annehmens, des Loslassens und des Über-sich-Hinausgehens. Wer diese Kunst erlernen will, der muss diese Tugenden des Alters einüben. Aber bei allen gemeinsamen Regeln muss jeder schließlich doch seinen ganz persönlichen Weg finden. Er muss selbst entscheiden, wie er mit seinem Älterwerden umgeht, mit dem, was ihn da von außen trifft, mit der Krankheit, mit den Verlusterfahrungen und mit der Erfahrung der eigenen Grenze.

In einer Gesprächsrunde mit Mitbrüdern und Freunden der Abtei Münsterschwarzach haben wir uns Gedanken gemacht, was wir in der hohen Kunst des Älterwerdens nachahmen wollen. Wir haben nach Bildern gesucht, die das Altwerden ausdrücken. Eine Frau meinte, für sie seien die Jahreszeiten ein wichtiges Bild für das Leben des Menschen. Der Frühling – die Kindheit und Jugend – habe sein aufblühendes Leben, der Sommer – das Erwachsenenalter – seine sonnigen Tage. Das Alter sei dagegen wie der Herbst in seiner Schönheit. Dem kann ich zustimmen: Auch der Herbst ist schön. Er ist geprägt durch die wunderbaren Herbstfarben, durch die Milde des Sonnenlichts und durch das Feiern der Ernte, das Genießen der Gaben der Schöpfung.

Während des Berufslebens und in der Arbeit kann man vieles nicht wahrnehmen. Im »Herbst« des Lebens geht es darum, das Schöne zu schauen und es zu genießen. Statt zu leisten, genügt es, einfach da zu sein. Aber so wie der Herbst Neues in der Schöpfung hervorbringt, so ist es auch die Aufgabe im Alter, Neues zu probieren. Man kann etwa mit den Händen etwas tun, stricken, malen, töpfern, basteln, gestalten...

Nach dem Herbst kommt der Winter. Auch er hat seine Schönheit. Er ist voller Ruhe und Stille. Wenn Schnee die Landschaft bedeckt, entsteht ein eigener Zauber. In der Kunst des Älterwerdens ahmen wir Herbst und Winter nach und gestalten sie so, dass es ein schöner und fruchtbarer Herbst und ein ruhiger und stiller Winter wird, der erfüllt ist von der Wärme der Liebe.

Aber sowohl Herbst wie auch Winter können auch von negativen Erfahrungen geprägt sein. Da gibt es die Herbststürme, die Bäume entwurzeln und uns das Vertraute nehmen. Es gibt den Winterfrost, der uns frieren lässt. Schneemassen schneiden uns dann unter Umständen von der Außenwelt ab. Zur Kunst des Altwerdens gehört es, Herbst und Winter in ihrer Schönheit, aber auch in ihrer Rauheit anzunehmen und bei allem Bedrängenden doch auch die Liebe zu entdecken, die jede Zeit des Lebens zu wandeln und zu wärmen vermag.

Ein anderes Bild für das Alter, das einem Mitbruder einfiel, ist das des Traubenstocks. Die Früchte, die im Herbst am Weinstock hängen, tun nichts mehr. Sie setzen sich einfach nur der Sonne aus und reifen, bis sie geerntet und für andere zu einer Quelle der Freude werden. Der alte Mensch muss nichts mehr leisten, er muss sich

Das Glück der späten Jahre

nicht durch Leistung Anerkennung verschaffen. Er ist einfach da. Allerdings zeigt der Weinstock auch, dass dies kein passives Dasein ist. Er hat ja noch den inneren Trieb, der ihn am Leben hält. So wird das Alter dann fruchtbar, wenn der alte Mensch das, was in ihm ist, ausdrücken kann: in Worten, in Erzählungen oder in Bildern oder Musik. Künstler wie Pablo Picasso und Marc Chagall oder Musiker wie Pablo Casals oder Sergiu Celibidache haben bis ins hohe Alter den Reichtum ihrer Seele zum Ausdruck gebracht und damit zahlreiche Menschen beglückt. Viele alte Menschen haben der Welt Wichtiges zu sagen. Doch die meisten haben kein Forum, vor dem sie es zur Sprache bringen und ausdrücken können. Wenn alte Menschen das, was in ihnen an echtem Reichtum liegt, thematisieren können und wenn sie dabei Zuhörer oder Betrachter finden, dann gelingt die hohe Kunst des Älterwerdens.

Ein anderes Bild für das Alter ist der Lehnstuhl, in dem der alte Mensch sitzt. Er kann dann einfach zuschauen, was um ihn herum geschieht. Oft blickt er auch mehr nach innen. Er sitzt einfach da und strahlt für seine Umgebung Ruhe und Zuversicht aus. In Dörfern ist das Bild der Bank, die vor dem Haus steht, ein schönes Bild für das Altwerden. Wenn alte Menschen auf der Bank sitzen und einfach nur schauen und schweigen, kommen sie oft ins Gespräch mit den Vorübergehenden. Sie müssen sich kein Forum schaffen. Sie sind trotz ihrer vordergründigen Einsamkeit mitten im Geschehen – und immer wieder werden sie von Vorbeigehenden angesprochen. Sie hören zu, sie sagen das, was sie bewegt. Sie erzählen von früher, wenn sie gefragt werden. So gehören sie zum Leben und zur Gemeinschaft. Und doch lassen sie die anderen Menschen agieren. Sie greifen nicht in das Geschehen ein, sondern geben nur ihren Kommentar, wenn sie gefragt werden. Sie lassen die Menschen los und werden gerade so für die anderen zum Segen. Über das Älterwerden nachzudenken heißt immer auch, über das Leben zu reflektieren. Heinrich Schipperges hat diesen Zusammenhang von Altwerden und der Kunst des rechten Lebens beschrieben:

»Was wüsste man vom Leben, solange man nicht weiß, was Altern meint. Altern aber meint: mit den Jahren in die Jahre kommen, um die Zeit wissen, mit der Zeit gehen, in der Zeit stehen und auch gegen die Zeit. Altern heißt: gehen und vergehen, sich wandeln, ohne sein Inbild zu verlieren, ein winziges Stück Erfahrung jeweils und immer wieder von neuem hinüberreißen in ein großes Stück Hoffnung.«

(Schipperges 9)

So gilt es, beim Nachdenken über das Älterwerden immer auch zu bedenken, worin ich den Sinn meines Lebens sehe und wie es mir gelingt, heute – in meiner Situation und in meinem Alter – bewusst und achtsam zu leben.

DER SINN DES ALTERS

Bevor ich über die Kunst des Älterwerdens schreibe, möchte ich zunächst über den Sinn des Alters nachdenken. Denn wenn der alte Mensch den Sinn des Alters nicht versteht, wird er voller Groll auf die Jungen schauen. Denn dann neidet er

»der Jugend ihr Jungsein, ihre Zukunft, ihr Planen und
Hoffen und sucht es ihr zu verleiden – sei es auch nur
dadurch, dass er alles Neue verwirft und alles Alte verklärt«

(Guardini 91).

Älterwerden ist nicht nur ein Phänomen, das uns alle äußerlich betrifft. Es trägt in sich auch einen Sinn. Und nur wenn wir diesen Sinn erkennen, werden wir in guter Weise unser Älterwerden annehmen können. C. G. Jung vergleicht das Leben mit dem Weg der Sonne:

»Der Sinn des Morgens ist unzweifelhaft die Entwicklung des
Individuums, seine Festsetzung und Fortpflanzung in der
äußeren Welt und die Sorge für die Nachkommenschaft.«

(Jung, Werke 456)

Doch der Lebensnachmittag kann nicht bloß ein Anhängsel an den Morgen sein. So wie die Sonne ihre Strahlen einzieht, um sich selbst zu erleuchten, so soll auch der alte Mensch nach innen gehen, sich seinem Selbst zuwenden und den Reichtum im eigenen Innern entdecken. In vielen Völkern sind die Alten »die Hüter der Mysterien und Gesetze« (Jung, Werke 456). Sie prägen die Kultur eines Volkes. Auf gute Weise alt werden kann jedoch nur, wer bewusst gelebt und seine Lebensschale bis zum Überfließen gefüllt hat. Wer schon in der Jugend nicht wirklich lebt, der ist auch im Alter nicht dazu fähig. Denn es bleibt zu viel Ungelebtes zurück.

> *»So betreten sie die Schwelle des Alters mit einem unerfüllten Anspruch, der ihnen den Blick unwillkürlich rückwärts lenkt.«*

(Jung, Werke 457)

Sie kreisen immer nur um ihre Vergangenheit, werden geizig, empfindlich, verbittert und gönnen den Jungen ihr Leben nicht. Ja, sie versuchen selbst

> *»gar ewig Junge zu werden, ein kläglicher Ersatz für die Erleuchtung des Selbst, aber eine unausbleibliche Folge des Wahnes, dass die zweite Lebenshälfte von den Prinzipien der ersten regiert werden müsse«*

(Jung, Werke 455).

Der Sinn des Alters besteht nach C. G. Jung daher darin, das Abnehmen der körperlichen und geistigen Kräfte anzunehmen und den Blick nach innen zu lenken. In der Seele liegt der Reichtum des Menschen. Das Alter lädt uns ein, in uns hineinzuschauen und dort den Schatz der Erinnerungen und den inneren Reichtum zu entdecken, der in den vielen Bildern und Erfahrungen zum Ausdruck kommt.

Das Glück der späten Jahre

Auch der Dichter Hermann Hesse, der bei einem Schüler Jungs eine Therapie gemacht und manches Gedankengut des Schweizer Therapeuten in seine Dichtung übernommen hat, spricht vom besonderen Wert des Alters:

»Das Altwerden ist ja nicht bloß ein Abbauen und
Hinwelken, es hat, wie jede Lebensstufe, seine eigenen
Werte, seinen eigenen Zauber, seine eigene Weisheit,
seine eigene Trauer, und in Zeiten einer einigermaßen
blühenden Kultur hat man mit Recht dem Alter eine
gewisse Ehrfurcht erwiesen, welche heut von der Jugend
in Anspruch genommen wird. Wir wollen das der Jugend
nicht weiter übel nehmen. Aber wir wollen uns doch
nicht aufschwatzen lassen, das Alter sei nichts wert.«

(Hesse 54)

Um den Wert des Alters und seinen Sinn zu leben, ist es nach Hermann Hesse notwendig, das eigene Alter und alles, was es mit sich bringt, anzunehmen und damit einverstanden zu sein:

»Ohne dieses Ja, ohne die Hingabe an das, was
die Natur von uns fordert, geht uns der Wert und
der Sinn unsrer Tage – wir mögen alt oder jung
sein – verloren, und wir betrügen das Leben.«

(Hesse 69)

Auch der katholische Theologe Romano Guardini hat sich mit dem Alter beschäftigt und einen zweifachen Sinn angenommen. Der *erste* Sinn ist, dass der alte Mensch die Zusammenhänge des Lebens sieht. Er

»erkennt, wie darin die verschiedenen Anlagen, Leistungen,
Gewinne und Verzichte, Freuden und Nöte durch einander

Anselm Grün

*bestimmt werden und so jenes wunderbare Gefüge
entsteht, das wir ›ein Menschenleben‹ nennen«*

(Guardini 95).

Wer im Alter das Geheimnis des Lebens durchschaut und
im Blick auf das Lebensganze sein Leben versteht, der
wird weise. So ist der erste Sinn – und die erste Aufgabe –
des Alters, weise zu werden.

Weise kommt von »wissen« und wissen hängt mit
»schauen« zusammen. Der weise Mensch sieht tiefer. Er
blickt in den Grund, der unser Leben zusammenhält. Für
mich kommt dieses Zusammensehen aller Gegensätze in
dem letzten Wort Jesu am Kreuz zum Ausdruck: »Es ist
vollbracht.« (Joh 19,30) – Es ist vollendet, ganz gemacht.
Viele Menschen haben Angst, am Ende ihres Lebens vor
einem Scherbenhaufen zu stehen. Sie fürchten sich vor
der eigenen Brüchigkeit. Jesus vollendet am Kreuz alles,
was er gelebt hat. Sein Tod ist kein Scheitern, sondern
vielmehr ein Zusammenfügen von allem, was ihn aus-
macht. Und sein Tod ist Vollendung der Liebe. Ja, die Liebe
ist letztlich das, was die eigene Brüchigkeit zusammen-
fügt und den Torso des Lebens vollendet.

Der *zweite* Sinn des Alters besteht für Guardini darin,
dass der alte Mensch eine besondere Nähe zum Ewigen
hat. Im Blick auf das Ewige – auf Gott und sein Reich – re-
lativiert sich alles Irdische.

*»Die Dinge und Geschehnisse des unmittelbaren Lebens
verlieren ihre Vordringlichkeit. Die Gewalttätigkeit, mit der
sie den Raum der Gedanken, die Fühlkraft des Herzens in Anspruch nehmen, lässt nach. Vieles, das ihm größte Bedeutung
zu haben schien, wird unwichtig; anderes, das er für gering-
fügig gehalten hatte, nimmt an Ernst und Leuchtkraft zu.«*

(Guardini 97)

Guardini versteht die Nähe zum Ewigen nicht nur als Vertrautwerden mit dem Sterben, sondern als die Fähigkeit, sein Leben für das Ewige zu öffnen, das unvergänglich ist und das allen Wandel überdauert.

Für Romano Guardini hängt das Gelingen des Alterns nicht nur vom Einzelnen ab – von seiner Annahme des Alters und von seinem Verstehen des Sinns –, sondern auch von der Gesellschaft und ihrer Einstellung zum Alter. Die Gesellschaft muss dem alten Menschen auch den Raum geben, in dem er gut alt werden kann. Wenn man nur besorgt und vorwurfsvoll über die älter werdende Gesellschaft spricht, macht man es den Alten schwer, ihr Altwerden anzunehmen und einen eigenen Sinn darin zu sehen.

»Es hängt viel, auch in soziologischer und kultureller Beziehung, davon ab, dass verstanden werde, was der alternde Mensch im Zusammenhang des Ganzen bedeutet.«

(Guardini 99)

Und Guardini warnt vor dem Infantilismus, der nur das jugendliche Leben für wertvoll hält. In so einer Haltung muss das Alter notwendig nur als Abfall gesehen werden. In so einem Raum kann die Weisheit des Alters nicht gedeihen. Es hilft nicht nur, den alten Menschen medizinisch das Leben zu verlängern und zu erleichtern. Wir müssen den Wert und den Sinn des Alters neu entdecken. Dann werden die Alten auch zum Segen für unsere Gesellschaft.

In der Diskussion, die uns die Medien heute vor Augen halten, geht es oft nur um die finanzielle und psychologische Belastung der Gesellschaft durch die Zunahme alter Menschen, aber nicht um den Sinn, den das Älterwerden in sich trägt: Doch gerade das Älterwerden und die konstruktive Auseinandersetzung mit dem Altern möchte uns allen einen Weg zeigen, wie unser Leben hier und jetzt schon gelingt – und nicht erst, wenn wir selbst alt geworden sind.

Die Bibel schätzt das Alter und seine Weisheit. Ich möchte dies nur anhand einiger Gedanken aus dem Lukasevangelium über den Sinn und die Bedeutung des Alters darlegen. Lukas führt uns zu Beginn seines Evangeliums vier alte Menschen vor Augen. In diesen vier Gestalten leuchtet etwas vom Sinn des Alters auf. Die Alten haben eine besondere Nähe zum Heiligen. Sie haben ein Gespür für das Wirken Gottes im Menschen. Und sie verweisen uns auf das, was uns wirklich hilft und heilt. Sie erkennen das Geheimnis Jesu Christi und werden zu seinen ersten Zeugen. Sie zeigen uns, wie auch unser Leben gelingen kann.

Da sind *Zacharias und Elisabeth*. Zacharias sagt von sich, er sei ein alter Mann und auch seine Frau sei in vorgerücktem Alter. Ihnen verheißt der Engel, dass sie ein Kind bekämen und dass ihr Leben so Frucht tragen würde. Doch der Weg zu dieser Fruchtbarkeit geht durch eine Krise. Zacharias verstummt zunächst einmal, weil er nicht an die Verheißung des Engels glaubt. Damit etwas Neues im Alter aufbrechen kann, braucht es oft eine Phase des Verstummens, damit Gott am alten Menschen wirken kann und sein Leben verwandelt. Und der alte Mensch muss im Schweigen lernen, an die Frucht zu glauben, die Gott seinem Alter verheißen hat.

Zacharias und Elisabeth bezeugen vor allen Freunden und Verwandten, dass Gott Barmherzigkeit an ihnen erwiesen hat. Und Zacharias wird vom Heiligen Geist erfüllt. Er deutet nicht nur die Frucht, die seinem Alter geschenkt wurde, sondern in einer prophetischen Rede beschreibt er vielmehr das ganze heilende und erlösende Wirken Gottes an seinem Volk. Dieser alte Mann hat uns ein wunderbares Lied geschenkt, das die Kirche in ihr tägliches Morgenlob aufgenommen hat. Zacharias sieht

Das Glück der späten Jahre

tiefer. Er spürt in dem Geschehen, das ihm und seiner Frau widerfährt, das Wirken Gottes – das aber nicht nur ihm gilt, sondern dem ganzen Volk: Er preist Gott:

>*»Denn er hat sein Volk besucht und*
>*ihm Erlösung geschaffen.«*
>
>(Lk 1,68)

Der alte Mann sieht schon vor der Geburt Jesu, was Gott in diesem Kind für alle Menschen wirken wird:

>*»Durch die barmherzige Liebe unseres Gottes wird uns*
>*besuchen das aufstrahlende Licht aus der Höhe, um allen zu*
>*leuchten, die in Finsternis sitzen und im Schatten des Todes,*
>*und unsre Schritte zu lenken auf den Weg des Friedens.«*
>
>(Lk 1,78–79)

Lukas beginnt die Kindheitsgeschichte Jesu mit Zacharias und Elisabeth. Er beendet sie mit zwei anderen alten Menschen: mit *Simeon und Hanna*. In ihnen malt er das Bild von Weisheit, das gerade alte Menschen auszeichnet. Sie erfüllen, was das Alte Testament vom weisen Alten geschrieben hat:

>*»Bei den Wohlbetagten findet man Weisheit,*
>*und langes Leben ist Einsicht.«*
>
>(Ijob 12,12)

Die beiden alten Menschen, Mann und Frau, erkennen in ihrer Weisheit das Geheimnis Jesu Christi. Sie sehen tiefer und sie bekennen das, was sie geschaut haben, vor allem Volk. So werden sie zu den ersten Verkündern der Frohen Botschaft über Jesus Christus. Den Hirten hatten die Engel die Geburt Jesu verkündet. Die Hirten reagierten, indem sie nachsahen, was in Bethlehem geschehen war. Sie erzählten den Eltern, was der Engel ihnen über das Kind gesagt hatte. Und sie kehrten zu ihren Schafen zurück, um dort Gott zu loben. Doch den beiden Alten ist es vorbehalten, von Jesus in der Öffentlichkeit und vor allem Volke zu sprechen und das Geheimnis seines Wesens zu bezeugen. Da ist zuerst der greise Simeon. Von ihm heißt es, dass er gerecht und fromm ist und auf die Rettung Israels wartet. Und Heiliger Geist ruht auf ihm. Vier Eigenschaften zeichnen diesen alten Mann aus. Er ist zum einen gerecht: Er wird sich und seinem Wesen gerecht und er handelt auch gerecht an den Menschen. Er ist zum anderen fromm, das heißt, er nimmt Gott ernst und ist in seinem ganzen Wesen auf Gott bezogen. Und er wartet zum Dritten auf die Rettung – oder wie es im Griechischen heißt: auf den Trost, auf die Tröstung Israels. Wer auf den Trost Israels wartet, der kann getrost alt werden. In Jesus erkennt er den Trost Israels. Als dieser alte und weise Mann das Kind Jesus in seine Arme nimmt, schaut er in ihm das Licht, das für die Menschen aufleuchtet, und das Heil, das in ihm den Völkern zukommt. Und zum Vierten ruht Heiliger Geist auf Simeon. Er ist nicht nur weise, sondern er ist von heiligem, von göttlichem Geist erfüllt. Der Heilige Geist ließ ihn in dem Kind das Licht erkennen, das Gott in die Welt gesandt hat, und den Retter, der sein Volk befreien wird.

Das ist wohl die wichtigste Aufgabe alter Menschen: auf das Licht hinzuweisen, das unter uns leuchtet. Alte Menschen blicken tiefer. Sie sehen das Eigentliche. Sie sehen das Licht, auch wenn es verdeckt zu sein scheint. Simeon schaut das Licht in dem unscheinbaren, kleinen Kind. Und er sieht in diesem Kind das Wirken Gottes. Weise Alte verstehen das Leben. Sie erkennen die Zusammenhänge. Und sie schauen das Heile und Ganze mitten in den Bruchstücken unseres Lebens.

Dem Simeon zur Seite ist Hanna. Sie ist eine Witwe von vierundachtzig Jahren. Die Zahl hat für Lukas symbolische Bedeutung. Hanna ist eine Frau, die die vier Elemente in sich vereint, die ganz auf dem Boden steht, die das Irdische ernst nimmt. Aber mitten im Irdischen ist sie offen für Gott. Acht ist die Zahl der Transzendenz. Hanna verbindet in sich Himmel und Erde. Sie schaut bereits auf der Erde den Himmel. Sieben Jahre lang war sie verheiratet. Sieben ist die Zahl der Verwandlung. Die Liebe zu ihrem Mann hat sie selbst in Liebe verwandelt. Jetzt ist sie Liebe und drückt diese Liebe aus, indem sie sich ständig im Tempel aufhält und Gott Tag und Nacht mit Fasten und Beten dient. Sie erfüllt das Idealbild der Witwe, das der Erste Timotheusbrief für die christliche Gemeinde entwirft:

»Eine Frau, die wirklich eine Witwe ist und allein steht, setzt ihre Hoffnung auf Gott und betet beharrlich und inständig bei Tag und Nacht.«

(1 Tim 5,5)

Die Witwe betet nicht nur für sich, sondern stellvertretend für die Gemeinde – besonders für all die, die kaum Zeit zum Beten finden.

Hanna hat sich in ihrem Herzen ganz und gar für Gott geöffnet. Diese Haltung ermöglicht ihr, jene richtigen Worte zu finden, die das Geheimnis des Kindes deuten. Hanna ist Prophetin. Sie drückt mit ihrem Leben etwas von Gott aus, was nur durch sie thematisiert werden kann. Und sie spricht zu den Menschen, die auf Erlösung warten. Sie zeigt den Menschen auf, wie sie frei werden von inneren Zwängen und Abhängigkeiten und wie ihr Leben gelingen kann.

Die beiden weisen Alten, Mann und Frau, erkennen das Geheimnis Jesu und in ihm das Handeln Gottes. Sie schauen dankbar auf ihr Leben zurück. Der alte Simeon schenkt uns ein wunderbares Lied, mit dem die Kirche die Komplet, das Nachtgebet, abschließt:

>>*Nun lässt du, Herr, deinen Knecht, wie du gesagt
hast, in Frieden scheiden. Denn meine Augen
haben das Heil gesehen, das du vor allen Völkern
bereitet hast, ein Licht, das die Heiden erleuchtet,
und Herrlichkeit für dein Volk Israel.*<<

(Lk 2,29–32)

Simeon ist jetzt mit seinem Leben zufrieden. Er ist bereit, zu sterben. Denn er hat das Heil gesehen, das sein Leben – mit all seinen Bruchstücken – ganz macht. Und er hat das Licht geschaut, das all das Heidnische, das Fremde und Unbekannte in ihm erleuchtet und über ihm den Glanz Gottes aufstrahlen lässt. Jetzt kann er selbst abtreten. Er hat mit seinem Leben auf das Licht hingewiesen, das die Menschen erleuchtet. Er hat seine Aufgabe erfüllt. Er hat seine Lebensspur in diese Welt eingegraben. Und es war letztlich eine Spur des Lichtes und der Liebe.

Aber Simeon ist nicht einfach mit sich im Frieden, sodass er nun gerne abtreten kann. Er wirft einen Blick in die Zukunft und spricht über Jesus. Er sieht, dass dieser ein Zeichen sein wird, dem widersprochen wird. Und er erkennt auch, was Maria erwarten wird:

>>*Dir selbst aber wird ein Schwert durch die Seele dringen.*<<

(Lk 2,35)

Simeon entwirft keine >>heile Welt<<. Er sieht, was kommen wird – die Chancen, aber auch die Krisen. Er zeigt uns, dass das Leben nicht von allein gelingt. Wir müssen uns vielmehr für das Leben entscheiden. Unser Lebensweg wird immer wieder durchkreuzt – durch andere Menschen, durch Unvorhergesehenes oder Schicksalsschläge. Das ist oft schmerzlich. Aber gerade so geschieht Heil. Gerade so werden wir heil und ganz.

Der Evangelist Lukas beschreibt in Simeon und Hanna zwei alte Menschen, die weise geworden sind und dadurch für andere zum Segen werden. Sie haben eine wichtige Aufgabe für die Menschen. Sie weisen ihnen nicht nur den Weg zum Heil und zum Licht. Sie sind auch Vorbild und zeigen, wie Leben gelingen kann. Wenn Simeon die Eltern und das Kind segnet, dann zeigt dies: Der Sinn des Alters ist, zum Segen für andere zu werden. Von alten Menschen, die weise geworden sind, geht ein Segen für die Menschen aus. Sie verweisen mit ihrem Dasein auf Gott, der unser Leben segnet und – in vielfältiger Art und Weise – fruchtbar macht.

Die Frage ist, wie wir zu jener Weisheit gelangen, die uns im Alter zum Segen für unsere Umgebung werden lässt. Denn es ist ja eine Erfahrungstatsache, dass es nicht nur weise Alte gibt, sondern unzufriedene, verbitterte, Menschen, die ihre einzige Daseinsberechtigung darin sehen, andere zu tyrannisieren.

Was hilft uns, so älter zu werden, dass wir weise werden und zum Frieden finden und so zum Segen für andere werden? Weise heißt im Lateinischen »sapiens«. Es kommt von »sapere«, das auf Deutsch »schmecken« bedeutet. Weise ist demnach der Mensch, der sich selbst schmecken mag und daher einen guten Geschmack bei denen hinterlässt, die ihm begegnen. Er hat Gefallen an seinem Leben und ist mit sich selbst im Einklang. Daher geht von ihm ein »Geschmack« von Frieden und Freiheit, von Gelassenheit und Heiterkeit aus.

LITERATUR

Guardini, Romano, *Die Lebensalter*, Mainz 1986.

Hesse, Hermann, *Mit der Reife wird man immer jünger. Betrachtungen und Gedichte über das Alter*, Frankfurt 1990. (Entnommen aus: Hermann Hesse, *Sämtliche Werke*, © Suhrkamp Verlag, Frankfurt am Main 2002.)

Jung, Carl Gustav, *Gesammelte Werke Bd. VIII*, Zürich 1967.

Schipperges, Heinrich, *Sein Alter leben. Wege zu erfüllten späten Jahren*, Freiburg 1986.

Joachim Fuchsberger

Altwerden ist nichts
für Feiglinge

© 2011 Gütersloher Verlagshaus, Güterlsoh, in der
Verlagsgruppe Random House GmbH
(S. 50–53, 139–150, 169–171)
Abdruck mit freundlicher Genehmigung

VOM BOANDLKRAMER UND WEISSWURSTHIMMEL

Denken Sie manchmal an den Tod?«

Eine oft gestellte Frage vieler junger, noch unbedarfter Journalisten an einen alten Mimen. Offenbar betrachten sie die Frage als besonders mutig oder schockierend. Sie signalisieren damit, wo sie den Befragten einordnen. Sparte »überfällig«! Man sieht es ihnen an, wenn sie die Frage mit leicht provokantem Lächeln abschießen.

»Haben Sie sich darüber schon Gedanken gemacht?«

Was soll man darauf antworten? Die ganze Litanei der vielen Begegnungen mit dem schwarzen Gevatter? Im Krieg, im Straßenverkehr, im Krankenhaus, bei gefährlichen Stunts, im Flugzeug? Oder soll man sie einfach zum Teufel schicken?

Natürlich denkt man mit zunehmendem Alter an den Tod. Ich sehe ihn gern in der Gestalt des »Boandlkramer« in der wundervollen Geschichte vom »Brandner Kaspar« von Wilhelm von Kobell, in der Bühnenfassung von Kurt Wilhelm.

Ein tölpelhafter, schlitzohriger, mit allen Wassern ge-waschener Tod, der sich vom Brandner Kaspar beim Kar-tenspielen und Schnapseln übertölpeln lässt, ihm noch ein paar Jahre zu schenken, ihn zu vergessen.

Als der »Boandlkramer« mit seiner schäbigen Karre ohne den Brandner Kaspar im Weißwursthimmel ein-trifft, bekommt er von Petrus den verdienten Anschiss und den Auftrag, auf der Stelle umzukehren und den Brandner Kaspar zu überzeugen, dass er nun doch in der Ewigkeit zu erscheinen hätte, und zwar sofort, damit die himmlische Liste wieder stimmt.

Eine wundervolle Geschichte, zu schön, um wahr zu sein, aber eine ziemlich passende Antwort auf die Fra-ge nach dem Gedanken an den Tod. Dass der Aufenthalt auf Erden zeitlich limitiert ist, begreift so ziemlich jeder halbwegs Denkfähige früher oder später, nur Dummköp-fe meinen, sie wären unsterblich. Was allerdings keiner weiß: wann, wie und wo einen der »Boandlkramer« ab-holt, um ihn auf dem Bock seiner schäbigen Karre hinter dem klapprigen Ross in die Ewigkeit zu befördern.

Wir sind sozusagen »flüchtige Bekannte«, ich habe keine Angst mehr vor ihm.

Neben der unausweichlichen Realität des Todes steht für viele Menschen die Frage nach der Existenz Gottes.

Ich bin bekennender Agnostiker, Angehöriger der »Leh-re von der Unerkennbarkeit des übersinnlichen Seins«, will heißen, ich bin nicht (mehr) in der Lage, an Gott zu glauben, wie die Institution Kirche es vorschreibt.

Meine Zweifel an »Gott, dem Allmächtigen« begannen im Zweiten Weltkrieg. Zuerst in den Bombennäch-ten und später an der Front, wo Gottes Vertreter auf bei-den Seiten den Kämpfern beibringen wollten, sie hätten Gottes Segen, sich gegenseitig umzubringen. Dennoch

Joachim Fuchsberger

habe ich Respekt vor jedem, der die Kraft für die Überwindung so vieler Schwierigkeiten im Leben aus einem tiefen Glauben bezieht. Ich hüte mich, Menschen von ihrer Überzeugung abbringen zu wollen. Was nicht zu beweisen ist, ist auch nicht zu widerlegen. Und letztendlich beneide ich die Möglichkeit, sich mit allen Problemen einem Gott anzuvertrauen mit der Überzeugung, dass dieser sich bemüht, sie zu lösen. Wir Ungläubige haben es da wesentlich schwerer.

(...)

DAS HAT'S FRÜHER NICHT GEGEBEN ...?

Da haben wir's! Das Problem Altwerden scheint damit zusammenzuhängen, dass das Leben in unserer Zeit zu einem permanenten Rennen geworden ist. Die Angst, überholt zu werden, treibt uns vorwärts, zwingt uns zu ständiger Höchstleistung, ganz egal wo, im Beruf, im Sport, im Auto, wenn du eins hast, in der Liebe, wenn du noch kannst. Höchstleistungen, vor denen du zunehmend Angst bekommst, ob du das alles noch schaffen kannst.

Diese Angst beginnt dich zu lähmen, bewirkt Versagen. Die Angst, dein Kollege könnte besser sein als du, deine Sportkameraden rennen schneller, springen höher oder weiter, und deine Frau oder Freundin oder Lebensgefährtin, also einfach die bessere Hälfte, vor der du ohnehin Angst hast, hat neuerdings so was Merkwürdiges in den Augen, wenn sie sich nach einem wortlosen Fernsehabend mit einem hintergründigen »... na dann gute Nacht!« verabschiedet und dir demonstrativ den Rücken zukehrt.

Die ersten Anzeichen für deine nachlassende Strahlkraft. Diesem Problem wird auf vielfältige Weise begegnet, oft mit völlig unzulänglichen Mitteln. Zum Beispiel mit dem Versuch der Veränderung deiner Persönlichkeit. Du bist nun mal, wie du bist. Dich selbst umzudrehen wie einen alten Handschuh macht aus dir keinen anderen Menschen, nein, eher einen bedauernswerten Clown. Auch grelle Farben in deinem Outfit sind kein passendes Mittel, schon gar keine rosaroten, bis zum Nabel offene Hemden und breite Goldketten auf grauem Brusthaar. Sie sind nicht attraktiv, zeugen eher von Dummheit oder einfach schlechtem Geschmack. Lange, bis auf die Schultern reichende oder zum Zopf gebundene, leicht angegraute Haare erwecken keineswegs den Eindruck jugendlicher Dynamik, eher den provozierender Ungepflegtheit.

Vor längerer Zeit begegnete ich in einem Hotel in Sydney ein paar Angehörigen der Uralt-Rockgruppe »AC/DC«. Deren »Parteiabzeichen« schien ebendiese Ungepflegtheit zu sein, mit der sie wohl signalisieren wollen: »Wir sind anders, wir sind besser, wir sind unangepasst, wir sind jung!«

Aber das Gegenteil ist der Fall: Sie haben sich angepasst. An vergangene Zeiten, an die sie sich verzweifelt klammern. Sie können schlicht und einfach nicht alt werden oder, besser gesagt, sie können nicht schlicht und einfach alt werden!

Oder schau dir eine dieser unerträglichen Fernseh-Volksmusiksendungen an, in denen dickwanstige Alt-Schnulzenträllerer in engen weißen Anzügen mit arthritisch wackelnden Hüften blödsinnige Texte zu einfachsten Melodien absondern, und das vor gemalter Alpenkulisse. Ich drehe ab, bevor mir schlecht wird.

Da wir gerade beim Fernsehen sind: Ich schreibe diese Zeilen an meinem 83. Geburtstag, was nicht sonderlich erwähnenswert wäre, aber vor wenigen Tagen lief der erwähnte Film *Die Spätzünder*, eine Gemeinschaftsproduktion von ARD und ORF.

Das Glück der späten Jahre

Die Geschichte ist einfach: Ein Altersheim wird rebellisch, die Alten lassen sich die Bevormundung nicht länger gefallen. Ein zu Pflegediensten verurteilter Musiker bringt wieder Leben in die Bude, zur Verzweiflung der Anstaltsleitung. Mit List und Tücke gründen die Alten eine Rockband und gewinnen einen Musikwettbewerb. Happy End!

Der Film schlug ein wie eine Bombe, brach alle Einschaltrekorde in der ARD. Die Geschichte war wohl ein Stich in ein Wespennest, muss den Nerv getroffen haben. Nicht nur die Alten waren über die Art der Darstellung ihrer Probleme begeistert, auch die Anzahl zustimmender junger Zuschauer war außergewöhnlich hoch.

Es scheint also doch ein Verständnis der Generationen füreinander zu geben.

- Warum also die zunehmenden Grausamkeiten?
- Warum treten junge Burschen einen Mann tot, der Kindern helfen wollte?
- Warum foltern dreizehnjährige Jungen eine alte Frau bis aufs Blut?
- Warum halten Väter ihre eigenen Töchter jahrelang als Geiseln, vergewaltigen und schwängern sie?
- Warum missbrauchen Priester die ihnen in Klosterschulen anvertrauten Kinder?
- Warum laufen junge Menschen Amok und töten wahllos, was ihnen vor die Flinte ihrer Väter kommt?
- Warum quälen Bundeswehrausbilder die ihnen zur Ausbildung anvertrauten Rekruten?
- Warum werfen Bundesbahnangestellte Kinder oder hilflose alte Menschen aus dem Zug und überlassen sie ihrem Schicksal?

Diese Fragen werden wegen zunehmender Aktualität heiß diskutiert. Die Meinungen driften ebenso drastisch auseinander, wie die Generationen es zu tun scheinen. Wo liegen die Ursachen für diese beängstigende Entwicklung in unserer Gesellschaft?

Sind es die Medien – ich weiß, wovon ich rede –, die in ihren Fernsehprogrammen immer öfter und immer brutaler die irrige Meinung provozieren, mit Gewalt seien Probleme jeglicher Art am einfachsten zu lösen?

Sind es Politiker, die trotz beklagter Finanznot in ihrer ungebrochenen Ausgabenfreudigkeit gern und immer öfter den Generationenkonflikt als Ausrede für ihre Unzulänglichkeit und unlauteren Wahlversprechen hernehmen?

Ist es der allgemeine Verlust an Respekt vor meist nur noch angemaßter Autorität oder bereits verzweifelte, wenn auch falsch verstandene Notwehr so vieler, die sich von der Gesellschaft, der Politik, der Familie, vom Leben betrogen fühlen?

Wo ist uns eigentlich das Verständnis füreinander abhandengekommen? Die ganz einfache Logik, dass nur Miteinander funktioniert, ständiges Gegeneinander aber ins Chaos führt. Was hat uns zur Neidgesellschaft gemacht?

Ist es der olympische Gedanke: »Schneller, höher, weiter!«, der zum unlösbaren Drogenproblem führte?

Ist es das Wirtschaftswunderland Deutschland, dessen Fetisch »Ständiges Wachstum« nicht mehr so recht funktioniert?

Ist es einfach nur, dass wir alle jegliches Maß verloren haben, in unseren eigenen Ansprüchen gefangen und unbeweglich sind?

Müssen wir wieder lernen, dass kein Mensch Anspruch auf irgendetwas hat, wofür er nicht bereit ist, seinen eigenen Beitrag zu leisten?

Ich bin kein Politiker, nur einer von vielen alten Männern, die Zeit haben, sich Gedanken zu machen. Nicht mehr um die eigene Karriere, die ist gemacht, oder auch nicht. Aber um die Frage, ob unsere Gesellschaft wirklich so aus den Fugen geraten ist, wie man den Eindruck bekommt, wenn man nicht schon total zurückgezogen vor dem Fernseher sitzt, mit der Einstellung: Das geht mich alles nichts mehr an! »Wir alten Männer sind gefährlich, weil wir keine Angst mehr vor der Zukunft haben!« Sagte Peter Ustinov. Das allein schon rechtfertigt seinen Adelstitel. Der Spruch geht aber noch weiter: »Wir können endlich sagen, was wir denken, wer will uns denn dafür bestrafen?«

Genau! Nur tun wir das auch? Sagen wir Alten, was wir denken, oder sind wir weiter bereit, um des lieben Friedens willen zu kuschen?

Wir haben das Leben noch nicht hinter uns. Wir haben ein Recht auf Ruhe, Frieden und Ordnung. Aber wie denn, wenn wir Gefahr laufen, krankenhausreif geschlagen oder totgetreten zu werden, wenn wir uns gegen Dinge wehren, die unserer Erziehung, unserer Lebenserfahrung und unserer Moral diametral entgegenstehen?

Moral! Ist das das Reizwort, an dem sich die Geister und die Generationen scheiden?

»Das hat es früher nicht gegeben!« Wenn ich diesen Satz höre, zucke ich zusammen. Meine Eltern haben ihn gebraucht, wenn ihnen etwas gegen den Strich ging, und deren Eltern vermutlich auch.

Also wann früher? Auf die Kaiserzeit kann sich der Spruch wohl kaum beziehen, deren Zeugen haben das Zeitliche gesegnet. Der Erste Weltkrieg und die Zeit danach sind ebenfalls Geschichte.

Jetzt sind wir dran! Meine Generation erinnert sich jetzt an »die guten, alten Zeiten«. Das fällt nicht immer leicht.

Was hat es früher nicht gegeben? Meine Erfahrung geht eher dahin, dass es nichts gibt, was es noch nicht gegeben hat, außer in Wissenschaft und Technik. Mit dem Satz »Das hat es früher nicht gegeben« ist wohl eher gemeint: »Früher war alles besser!« Stimmt nicht! Früher war nur alles anders. Natürlich!

»Aber die Zeit bleibt nicht stehen«, auch nur ein sattsam bekannter Spruch, mit dem man eigentlich zu erkennen gibt, dass man mit der Zeit nicht Schritt halten kann.

Gibt es heute Parallelen zu früher? Arbeitslosigkeit und die daraus stärker spürbaren sozialen Spannungen?

Die deutliche Abkehr der Menschen in unserem Land von Politik und deren »Machern«? Der für alte Zeitzeugen unverständliche, stets stärker werdende Drall nach rechts?

Wie war das damals, zu der Zeit, als ich anfing, auf meine Umwelt emotional zu reagieren? Das war um 1933 herum, Ende des ersten Drittels des letzten Jahrhunderts. Machtergreifung, Fackelzüge, Fahnen schwenken, Parteitage, Marschkolonnen und immer mehr Menschen, die nur allzu gern dem Schreihals aus Braunau am Inn glaubten, Millionen Arbeitslose von den Straßen zu holen, sie in Lohn und Brot zurückzuführen, ihnen die durch die Folgen des Ersten Weltkriegs verlorene Ehre zurückzugeben. Nur wenige erkannten, mit welchen Mitteln der »Verführer« und seine Helfershelfer das verlockende Ziel erreichen wollten. Genau zwölf Jahre dauerte es, bis das versprochene Tausendjährige »Dritte Reich« in Schutt und Asche lag, nachdem es unsagbares Leid über die Welt gebracht und sechzig Millionen Tote gefordert hatte.

Nein, es gibt keine Parallele zur Gegenwart. Weiß Gott nicht! Wir haben andere Sorgen. Aus uniformierten, politisch organisierten Schlägertrupps wurden vermummte Banden gewaltbereiter Jugendlicher, die Spaß an der Randale, Vergnügen an der Zerstörung haben. Die den Anschluss an unsere Leistungsgesellschaft verloren ha-

Das Glück der späten Jahre

ben oder bewusst verweigern. Die die Sprache unserer Gesellschaft nicht mehr verstehen und die Lösung ihrer Probleme in zerstörerischer Gewalt suchen.

Aus den Auseinandersetzungen der Parteien der Weimarer Republik, die die Machtübernahme durch den Nationalsozialismus vorbereiteten, sind die Auseinandersetzungen der Religionen geworden, die ihre Totalitätsansprüche durch Terrorismus durchzusetzen versuchen, den sie perverserweise »Heiliger Krieg« nennen.

Unsere Sorgen sind Atomwaffen in falschen Händen, der Streit um die Atomenergie, die weltweite Finanzkrise, der nicht enden wollende Nahostkonflikt, die Position der Bundesrepublik im internationalen Waffengeschäft, die Unverständlichkeit wuchernder Bürokratie, Steuerflüchtlinge, korrupte Manager, verantwortungslose Banker und, und, und ...

Diese Liste ließe sich beliebig fortsetzen ...

Sind wir vielleicht alle überfordert und sehen den Wald vor Bäumen nicht mehr?

Vermögen wir die Geister, die wir riefen, nicht mehr zu bannen?

Sind unsere Politiker den Forderungen einer globalisierten Welt intellektuell gewachsen? Oder ist Anpassung an das Parteiprogramm wichtiger als das Wohl der Wähler? Regiert auch hier der Jugendwahn? Kommt jugendliche Dynamik unbesehen vor Erfahrung des Alters?

Ich glaube, eines der großen Probleme liegt darin, dass unsere sprachliche Verständigung versagt. Wir verstehen die eigene Sprache nicht mehr. Amts- und Juristendeutsch wird für Otto Normalverbraucher zunehmend unverständlich, die Computerfachsprache wird nur noch von Freaks verstanden, die Jungen verständigen sich in einem Vokabular, das alten Leuten unbekannt bleibt.

Als einziges Lebewesen verfügt der Mensch über die Sprache, um miteinander zu kommunizieren. In einem babylonischen Durcheinander von Fachsprachen aber droht jegliche Kommunikation unterzugehen. Als Mittel zur Verständigung scheint die Sprache immer unbrauchbarer zu werden.

Statt qualitativ reden wir quantitativ, statt einfach und verständlich zu sagen, was uns freut, was uns ärgert, was uns Angst macht, ziehen wir vor zu quasseln, wir tauschen statt Gedanken lieber Worthülsen aus. Und wo es gar nicht mehr geht, behelfen wir uns mit Piktogrammen.

Bei einer Bundestagsdebatte kann einen nicht selten das schiere Grausen packen. Dieses schwarz-rot-goldene Gezänk ist nicht mehr des Volkes Stimme und wird vom Volk auch nicht mehr verstanden. Ich erinnere mich, wie einer der nationalsozialistischen Protagonisten im Reichstag das Parlament des deutschen Volkes als »Quasselbude« bezeichnete. Manchmal kann ich mich des Eindrucks nicht erwehren, dass unsere Parlamente in Bund und Ländern nicht sonderlich daran interessiert sind, den Respekt der Menschen vor der Institution zu bewahren, die doch ihre Interessen vertritt.

Gedanken eines Zeitzeugen, der drei deutsche Staatsformen erlebt hat und davon überzeugt ist, dass unsere Bundesrepublik Deutschland das Beste ist, was die neuere Geschichte unseres Volkes aufzuweisen hat? Oder Gedanken eines Bürgers, der Angst hat, dass sich Geschichte, entgegen verbreiteter Meinung, doch wiederholen kann?

Oder sind es nur Gedanken eines alten Mannes, Angehöriger einer Generation, die glaubt, alles besser zu wissen, und aus Langeweile gern an der Gegenwart herumnörgelt?

ALTWERDEN IST NICHTS FÜR FEIGLINGE

(...)

In allen Redaktionen liegt für den Ernstfall in einer Schublade der Nachruf bereit, weswegen eine gewisse Erwartungshaltung besteht, was unser Ableben betrifft. Man wird ja wohl noch fragen dürfen!

»Sie waren schon wieder im Krankenhaus!«

»Leider!«

»Was Ernstes?«

»Was verstehen Sie unter ernst?«

»Na ja, so halt!«

»Hätten Sie's vielleicht etwas präziser?«

»Wir haben gehört, dass Ihre Familie gerufen wurde – man soll mit dem Schlimmsten rechnen ...!«

»Woher haben Sie diese Information?«

»Wir haben sie halt!«

»Ich verstehe – also gut – das Schlimmste ist ja nun auch eingetroffen – für Sie wenigstens – ich hab's überlebt!«

»Wenigstens haben Sie Ihren Humor nicht verloren. Glauben Sie an Gott?«

»Das geht Sie eigentlich nichts an!«

»Unsere Leser interessiert das aber!«

»Dann sollen sich Ihre Leser in Glaubensfragen an ihre Gemeindegeistlichen wenden!«

Und doch will ich eine sehr persönliche Antwort auf die Frage nicht schuldig bleiben. Nein, ich glaube nicht an einen bestimmten Gott. Gott ist meiner Meinung nach ein Begriff, den jeder Mensch auf seine Weise deuten muss. Gott ist für mich kein Wesen aus Fleisch und Blut. Kein gütiger, weißbärtiger Mann, der über Recht und Unrecht auf der angeblich von ihm in sechs Tagen erschaffenen Welt wacht. Gott ist nicht allmächtig, aber allgegenwärtig.

Wer diesen Gott nicht in sich trägt, wird ihn nicht finden, in keiner Kirche, keinem Dom.

»Haben Sie noch Sex?«

»Das geht Sie noch weniger an!«

»Sie sind sechsundfünfzig Jahre mit derselben Frau verheiratet. Wie macht man das?«

»Indem man dem Partner seine Persönlichkeit lässt. Ihn nicht als vertraglich erworbenes Eigentum betrachtet. Wir haben uns eine Formel erarbeitet, mit der wir ein Leben lang zurechtgekommen sind: Die vier ›V‹ – Verstehen, Vertrauen, Verzeihen, Verzichten – hört sich relativ einfach an, aber praktizier das mal, wenn's drauf ankommt!«

»Sind Sie stolz darauf?«

»Vielleicht das Einzige in meinem langen Leben, worauf ich stolz bin. Das ganze Gerenne um alles, was man Erfolg nennt, Geld, Popularität, gesellschaftliche Anerkennung, das sind alles Ergebnisse der Bemühungen vieler. Vieler Menschen, die dir zugearbeitet, dich gelenkt, dir Chancen gegeben, dich geschubst oder gebremst haben.

Aber ein langes Leben mit einem Menschen zu teilen, der sich nicht verbiegen lässt, der seine eigene Meinung hat und sie nicht aufgibt, nur um der Bequemlichkeit willen, das ist sicher die härteste Prüfung, vor die wir gestellt werden. Dabei hilft dir keiner, das müssen die zwei mit sich selber ausmachen. Wer das schafft, glaube ich, darf stolz darauf sein.«

Jane Fonda

Selbstbewusst älter werden

© der deutschsprachigen Ausgabe: 2015 by nymphenburger
in der F. A. Herbig Verlagsbuchhandlung GmbH, München.
Aus dem Englischen von Ursula Bischoff
Die Originalausgabe erschien 2011 unter dem Titel »Prime
Time« bei bei Random House/New York, © 2011 Jane Fonda
(S. 7–17, 22–25, 39–40, 110–117)
Abdruck mit freundlicher Genehmigung

BOGEN UND TREPPE

Die Vergangenheit bereitet den Boden für die Gegenwart, und die tastenden Schritte, die zur Gegenwart führen, kennzeichnen die Wege in die Zukunft. [1]

MARY CATHERINE BATESON

Vor einigen Jahren, kurz vor meinem siebzigsten Geburtstag, wurde mir plötzlich bewusst, dass mir das zweite Jahrzehnt im dritten Akt des Lebens bevorstand – Akt III, der nach meinem Empfinden mit sechzig beginnt. Ich fühlte mich unwohl bei dem Gedanken. Sechzig Plus zu sein war eine Sache. Wenn wir körperlich und geistig topfit sind, können wir in diesem Jahrzehnt unser tatsächliches Alter noch ein wenig verschleiern. Aber mit siebzig – da geht es bergab. Zur Zeit unserer Großeltern gehörte man mit siebzig zum alten Eisen, jenseits von Gut und Böse, mit einem Fuß im Grab.

Doch im Verlauf des letzten Jahrhunderts fand eine Revolution statt – die Langlebigkeitsrevolution. Studien

---

1   Bateson, Mary Catherine, *Composing a Life*, Plume, New York 1990, S. 34.

belegen, dass die menschliche Lebenserwartung seither um durchschnittlich vierunddreißig Jahre gestiegen ist, von sechsundvierzig auf achtzig Jahre! Diese zusätzliche Zeitspanne stellt ein volles zweites Erwachsenenleben dar, die alles verändert, einschließlich der Definition des Menschen, ungeachtet dessen, ob wir es wahrhaben wollen oder nicht.

Der zusätzliche Raum

Die Anthropologin Mary Catherine Bateson hat eine Metapher für den Umgang mit dieser erweiterten Lebensspanne gefunden. In ihrem Buch *Composing a Further Life: The Age of Active Wisdom* schreibt sie: »Wir haben der Lebenserwartung Jahrzehnte hinzugefügt und damit nicht nur das Alter verlängert, sondern auch einen neuen Raum im Verlauf unseres Lebenswegs erschlossen, ein zweites und anders geartetes Erwachsenendasein, das dem hohen Alter vorausgeht, und infolgedessen ist jede Lebensphase einem grundlegenden Wandel unterworfen.«[2] Bateson weist mit dieser Metapher auf die sichtbaren Veränderungen hin, die bei der Erweiterung eines Hauses eintreten. Infolge des Anbaus werden alle Räume des Hauses ein wenig anders gestaltet und genutzt.

In unserem Haus des Lebens erhalten Dinge wie Planung, Ehe, Liebe, Finanzen, Kindererziehung, Reisen, Weiterbildung, körperliche Fitness, Beruf, Ruhestand – ja sogar unsere eigene Identität – eine völlig neue Bedeutung, wenn wir jetzt davon ausgehen können, dass wir

---

2   Bateson, Mary Catherine, *Composing a Further Life*, Knopf, New York 2010, S. 12.

mit achtzig, neunzig – oder länger – noch imstande sind, aktiv am Leben teilzunehmen.

Doch unsere Kultur hat sich noch nicht ausreichend mit dem Wandel auseinandergesetzt, den die Langlebigkeitsrevolution mit sich bringt. Aus institutioneller Sicht verläuft unser Leben noch genauso wie zu Beginn des zwanzigsten Jahrhunderts, eingeordnet in altersspezifische Silos: Im ersten Drittel lernen wir, im zweiten Drittel sind wir produktiv und im letzten Drittel widmen wir uns aller Voraussicht nach dem Müßiggang.

Doch was wäre, wenn wir die Silos niederreißen und die Aktivitäten integrieren würden? Wenn wir Lernen und Arbeiten als lebenslange Herausforderungen betrachten würden statt als Aufgaben, die mit dem Eintritt in den Ruhestand enden? Was wäre, wenn das Stärke verleihende Gefühl, ein produktives Mitglied der Gesellschaft zu sein, bereits in frühester Kindheit erfahrbar wäre, und wenn Schüler schon in der ersten Klasse wüssten, dass Fortbildung zu den lebenslangen Erwartungen an sie gehört? Was wäre, wenn das zweite, traditionell produktive Silo mit mehr Muße und Fortbildung verknüpft würde? Und Senioren, die noch zwanzig oder mehr produktive Jahre vor sich haben, ihre Freizeit genießen können, aber gleichzeitig in irgendeiner Form erwerbstätig und bildungsorientiert bleiben, und wenn auch aus keinem anderen Grund als wegen der Herausforderung für den Geist? Aus dieser Perspektive betrachtet, wird die Langlebigkeit zu einer Sinfonie mit den Anklängen verschiedener Zeitphasen, die mit leichten Abwandlungen während des gesamten Lebensbogens wiederkehren, genau wie in der Musik.

Außer, dass uns die Notenblätter für diese neue Sinfonie des Lebens fehlen. Wir, die Angehörigen der geburtenstarken Jahrgänge nach dem Zweiten Weltkrieg – die sogenannten Babyboomer und heutigen Senioren –, sind eine Generation, die Pionierarbeit leisten muss; unsere Aufgabe besteht darin, eine Komposition für die bestmögliche Ausschöpfung des Potenzials zu entwickeln, das mit der geschenkten Zeit einhergeht und uns ein Gefühl der Ganzheitlichkeit und Selbstverwirklichung über die längere Spanne des Lebensbogens vermitteln sollte.

Um meinen eigenen Entwicklungsverlauf in den sechziger und siebziger Jahren zu veranschaulichen, war es hilfreich, mir die Sinfonie des Lebens in drei Akten oder drei wichtigen Entwicklungsabschnitten vorzustellen: Der erster Akt umfasst die ersten drei Dekaden, der zweite Akt die mittleren drei Dekaden und der dritte Akt die letzten drei Dekaden (oder die Anzahl der Lebensjahre, die uns danach verbleibt).

Während ich bemüht war, die neuen Realitäten des Alterns zu begreifen, entdeckte ich Bogen und Treppe zur Veranschaulichung dieses Entwicklungsprozesses.

Bogen und Treppe

Bogen und Treppe sind zwei Symbole, die den Verlauf des menschlichen Lebens anschaulich zusammenfassen.

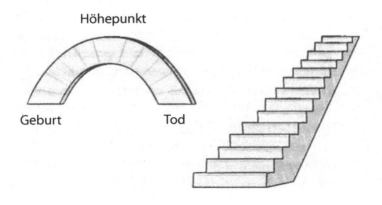

Der Bogen repräsentiert ein biologisches Konzept; er führt uns von der Kindheit zur Lebensmitte, einem Höhepunkt der Reifephase, gefolgt von einem Nachlassen der Aktivität und allmählichem Niedergang.

Die Treppe stellt das menschliche Entwicklungspotenzial dar, das stufenweise aufwärts verlaufen kann, wenn es spirituelles Wachstum und Lernprozesse mit sich bringt – mit anderen Worten Bewusstheit und Seelenstärke fördert.

Die auf visuellen Wahrnehmungen basierende Sichtweise, die sich dahinter verbirgt, wurde von dem verstorbenen Rudolf Arnheim entwickelt, ehemals Professor für Kunstpsychologie am *Carpenter Center for the Visual Arts* der Harvard University; sie bietet klare Metaphern für die verschiedenen Möglichkeiten, den Alterungsprozess zu betrachten. Unsere jugendbesessene Kultur ermutigt zur Fokussierung auf den Bogen, der das Altern als unaufhaltsamen physischen Abstieg statt als Treppe – als kontinuierliche, stufenweise Entwicklungs- und Aufstiegsmöglichkeit – darstellt. Doch es ist die Treppe, die auf die positiven Aspekte der späteren Lebensphasen hindeutet, selbst angesichts des körperlichen Verfalls. Man könnte sie auch mit einer spiralförmig verlaufenden Wendeltreppe vergleichen! Denn Eigenschaften wie Weisheit, Ausgeglichenheit, Reflexionsfähigkeit und Einfühlsamkeit, die diese Aufwärtsbewegung prägen, werden uns nicht auf einen Schlag im Zuge eines linearen Aufstiegs zuteil, sondern umkreisen uns, laden uns ein, eine Stufe nach der anderen zu erklimmen und dabei den Blick sowohl zurück als auch nach vorne zu richten.

Die Zukunft proben

Zeit meines Lebens habe ich versucht, mich mit den Situationen, vor denen mir graute, anzufreunden, ihnen unerschrocken ins Gesicht zu blicken und sie in- und auswendig kennenzulernen. Eleanor Roosevelt sagte einmal: »Mit jeder Erfahrung, bei der wir innehalten, um der Angst ins Gesicht zu sehen, gewinnen wir Stärke, Mut und Selbstvertrauen.« Das kann ich aus eigener Erfahrung bestätigen. Auf diese Weise habe ich entdeckt, dass das Wissen um den Weg, der vor mir liegt, dazu beiträgt, meine Ängste zu überwinden, meinen Sorgen den Wind aus den Segeln zu nehmen. Es ist immer von Vorteil, den Feind zu kennen! Man denke nur an Rumpelstilzchen, das böse kleine Männlein aus dem gleichnamigen Märchen der Gebrüder Grimm! Seine Macht war gebrochen, als die Tochter des Müllers ihn bei seinem richtigen Namen nannte.

Wenn wir unsere verborgenen Ängste aufdecken, benennen und bei Licht betrachten, werden sie schwächer und schwinden.

Eine Möglichkeit, meine Angst vor dem Altern zu überwinden, bestand darin, mich vorab mit diesem Prozess auseinanderzusetzen und den dritten Akt zu proben. Damit fing ich bereits im zweiten Akt an. Ich bin überzeugt, dass meine Zukunftsszenarien (in Kombination mit einer Lebensbilanz, einer Rückschau auf die Vergangenheit) dazu beigetragen haben, das Leben im dritten Akt – zumindest bisher – relativ gelassen anzugehen.

Als mein Vater Ende siebzig war und infolge seiner Herzprobleme der körperliche Verfall einsetzte, wurden meine Kindheitsillusionen von der Unsterblichkeit des Menschen zerstört. Mit Mitte vierzig wurde mir plötzlich bewusst, dass ich nach seinem Ableben das älteste Familienmitglied und in nicht allzu langer Zeit die Nächste am Drehkreuz sein würde. Ich erkannte, dass es weniger der Gedanke an den Tod war, der mich schreckte, sondern vielmehr die Aussicht, mich mit Dingen in meinem Leben konfrontiert zu sehen, die ich bedauern, aber nicht mehr ändern könnte, der Litanei des »Was wäre gewesen, wenn« und »Hätte ich doch nur«. Es widerstrebte mir, erst am Ende des dritten Aktes und damit viel zu spät zu entdecken, was ich alles versäumt hatte.

Ich verspürte mit einem Mal das Bedürfnis, mich in die Zukunft hineinzuversetzen, mir genau vorzustellen, was für ein Mensch ich später sein möchte, was ich möglicherweise bedauern könnte und was ich unbedingt in Angriff nehmen sollte, bevor ich zu alt wurde. Ich wollte möglichst genau verstehen, welche Karten mir das Alter austeilen könnte, was ich realistischerweise auf der physischen Ebene von mir erwarten durfte, in welchem Ausmaß das Altern verhandelbar war, und wie ich selbst dazu beitragen konnte, die scheinbare Talfahrt abzubremsen.

Die Geburt meiner beiden Kinder lehrte mich, wie wichtig fundiertes Wissen und Vorbereitung sind. Die erste Entbindung war eine erschreckende, einsame Erfahrung. Unzureichend gerüstet und ohne vorherige Proben, wurde ich hilflos von einer Schmerzwelle nach der anderen mitgerissen. Bei der zweiten Entbindung hatten mein Mann und ich einen Geburtsvorbereitungskurs absolviert, sodass ich das Geschehen und meine Reaktionen schon im Vorfeld visualisieren konnte. Die physischen Strapazen waren um keinen Deut geringer, und der Geburtsprozess ging nicht schneller voran, doch die Erfahrung selbst war eine völlig andere. Infolge meiner Kenntnisse und der Übung des Ablaufs gelang es mir, mich von der Welle der Ereignisse tragen zu lassen, statt in einem Meer von Schmerzen unterzugehen.

Ich brachte diese Lektionen aus den Entbindungen in meine Erfahrungen ein, als ich mich mit der ausklingenden Lebensmitte konfrontiert sah. Wie ich bereits sagte, hatte ich damals Angst vor der Zukunft – es ist schwer, die Kinder, den Erfolg, der mit der Jugend verbunden ist, und alte Identitäten loszulassen, solange die neuen Lebenslinien noch nicht klar umrissen sind. Ich hatte das Gefühl, wählen zu können, ob ich blind in die Spätphase des Lebens katapultiert werden und die Augen vor den Tatsachen verschließen wollte, oder ob ich lieber in den vielen sich wandelnden Bereichen meines Lebens die Kontrolle übernehmen und Entscheidungen auf der Grundlage fundierter Informationen treffen wollte. Deshalb schrieb ich 1984 im Alter von sechsundvierzig Jahren, noch vor den ersten Hitzewallungen, gemeinsam mit Mignon McCarthy *Meine Erfahrungen mit der Lebensmitte. Die selbstbewusste attraktive Frau* – ein Buch über das, was Frauen physisch erwarten können, wenn sie älter werden, und welche Teile des Alterungsprozesses verhandelbar sind. Ich sah darin eine Möglichkeit, mich gezwungenermaßen mit der Zukunft auseinanderzusetzen und sie beizeiten zu proben. Verblüfft stellte ich fest, dass der Gesundheit von Frauen in der Forschung nur wenig Raum gewidmet war.

Die meisten medizinischen Studien, die ich entdeckte, waren auf Männer bezogen. Zum Glück hat sich das inzwischen geändert.

Mit sechsundvierzig begann ich mir die alte Frau vorzustellen, die ich irgendwann sein wollte, und beschrieb sie in meinem Buch. Sie ist körperlich und geistig fit, hält sich bei Wind und Wetter in der Natur auf. Sie ist temperamentvoll, hat keine Angst vor dem Alleinsein. Ihr

Gesicht hat Falten, wirkt lebendig. Sie ist neugierig auf das Leben und bereit, stets etwas dazuzulernen. Sie unternimmt lange Spaziergänge mit ihrem Mann, und die beiden lachen oft. Sie genießt die Gesellschaft junger Menschen und ist eine gute Zuhörerin. Ihre Enkelkinder vertrauen ihr ihre Geheimnisse an und hören gerne ihre Geschichten, weil sie spannend sind und verborgene Lektionen über das Leben enthalten. Sie hat klare Wertvorstellungen und versteht es, sie ihren jungen Freunden zwingend nahezubringen.

Eine solche Visualisierung der Zukunft ist in jedem Alter empfehlenswert! Ich bin froh, sie schriftlich festgehalten zu haben, denn es macht Spaß, das damalige Bild von meinem älteren Selbst dreißig Jahre später noch einmal zu überprüfen, als eine Art Realitätstest, der mir zeigt, in welchem Ausmaß ich meine Vorstellungen umgesetzt habe.

An manchen Tagen finde ich, dass es mir ganz gut gelungen ist. Ich bin immer noch temperamentvoll, und das Alleinsein fühlt sich nicht wie Einsamkeit an.

Der Humor ist definitiv in den Vordergrund gerückt. Ich bin nicht mehr verheiratet, aber ich gehe meinen Weg gemeinsam mit – wie nennt man den männlichen Gefährten, wenn man zweiundsiebzig und unverheiratet ist? Freund klingt zu jugendlich, oder? Wie dann – Liebhaber? Das erscheint mir zu offensichtlich. Ich denke, ich werde ihn als meinen Schatz bezeichnen. Wie auch immer, mein Schatz und ich gehen gemeinsam durchs Leben, lachen viel miteinander und versuchen, jeden Abend fünfzehn oder zwanzig Minuten lang Swing zu tanzen, wenn es geht. Ich denke, dass ich meine Probleme mit Nähe und Intimität endlich überwunden habe. (Vielleicht habe ich aber auch einen Mann gefunden, der keine Angst davor hat!)

Das Glück der späten Jahre

Gerontologen wie Bernice Neugarten sind anhand ihrer Studien über den Alterungsprozess zu der Schlussfolgerung gelangt, dass traumatische Ereignisse – Witwenschaft, Menopause, Arbeitsplatzverlust und sogar der bevorstehende eigene Tod – nicht als Traumata empfunden werden, wenn sie »als Teil des Lebenszyklus im Vorfeld bedacht und geprobt wurden.«[3]

Die US-amerikanische Feministin Betty Friedan zitierte in ihrem Buch *Mythos Alter* Forschungsergebnisse, die belegen, dass der Unterschied zwischen Wissen und Planen und der Ungewissheit, was man zu erwarten hat (oder Leugnen von Veränderungen aufgrund falscher Erwartungen), darüber entscheidet, ob wir uns im letzten Drittel des Lebens neuem Wachstum oder Stillstand, Krankheit und Verzweiflung gegenübersehen.

Dieses Buch entstand mithilfe vieler Freunde aus allen Altersgruppen und unter Mitwirkung von Gerontologen, Sexualforschern, Urologen, Biologen, Psychologen, Experten auf dem Gebiet der kognitiven Forschung und des Gesundheitswesens sowie verschiedener Allgemeinmediziner. Obwohl ich mich zu diesem Zeitpunkt bereits im dritten Akt des Lebens befand, stellte das Unterfangen eine Art Generalprobe dar – für mich selbst und am Ende vielleicht auch für Sie als Leser. Ich wollte vorbereitet sein und so viele Informationen wie möglich sammeln. Ich wollte in der Lage sein, mir selbst und Ihnen zu sagen: »Machen wir das Beste aus den Jahren zwischen der Lebensmitte und dem Lebensende, und vielleicht kann ich Ihnen ein paar Tipps geben, wie das geht!«

---

3   Neugarten, Bernice, »Dynamics of Transition of Middle Age to Old Age«, in: *Journal of Geriatric Psychology*, Bd. 4, Nr. 1 (Herbst 1970), S. 71–87.

Jane Fonda

Ich möchte den Alterungsprozess nicht verklären. Es gibt zweifellos keine Garantie dafür, dass es sich dabei um eine Zeit des Wachstums und der Selbstverwirklichung handelt. Jede Lebensphase hat negative Aspekte, einschließlich der Möglichkeit einer schwerwiegenden mentalen oder physischen Erkrankung. Es würde den Rahmen des Buches sprengen, auf alle Probleme einzugehen. Wie wir wissen, ist der Verlauf des Lebens zum Teil reine Glückssache. Ein Teil – rund ein Drittel, genauer gesagt – ist genetisch vorprogrammiert und entzieht sich unserer Kontrolle. Die gute Nachricht ist, dass wir während eines Großteils dieser Zeitspanne, vielleicht zwei Drittel des Lebensbogens, aktiv zu unserem eigenen Wohlergehen beitragen können.

(...)

DER DRITTE AKT: GANZWERDUNG

Die größten Wachstums- und Selbstverwirklichungschancen bietet die zweite Lebenshälfte.

C. G. JUNG

Wie alt fühlen Sie sich?«, wurde ich unlängst gefragt. Ich überlegte einen Augenblick, bevor ich antwortete. Ich wollte mir die Frage durch den Kopf gehen lassen, bevor ich sie mit einer oberflächlichen Antwort wie »Ich fühle mich wie vierzig« abtat. »Ich fühle mich wie siebzig«, erwiderte ich, mich an eine tiefsinnige Bemerkung von Pablo Picasso erinnernd, der einmal gesagt hat: »Es dauert lange, jung zu werden.«

Altersdiskriminierung

Vor geraumer Zeit hielt ich einen Vortrag vor einer Gruppe heranwachsender Mädchen und als ich mein Alter erwähnte, zuckten einige zusammen. Sie flüsterten mir hinter vorgehaltener Hand zu, ich solle lieber kein Wort darüber verlauten lassen, wie alt ich sei, schließlich sähe ich nicht wie siebzig aus. Das war als Kompliment gemeint, doch ich fand den Gedanken traurig und ein wenig erschreckend. Vermutlich haben wir früher genau wie diese jungen Frauen und die meisten Angehörigen unseres Kulturkreises das Alter als etwas betrachtet, das es möglichst zu verbergen gilt, als wäre die Jugend der Gipfelpunkt, das Nonplusultra des Lebens. Sie mag der Höhepunkt sein, wenn es um die Straffheit des Körpers, die Anzahl der vitalen Samen- und Eizellen, die Dichte des Knorpelgewebes und die beidseitige Aktivierung der Gehirnregion *Gyrus parahippocampalis* geht! Aber ich bin bestimmt nicht die Einzige, die auf eine Rückkehr zur Adoleszenz verzichten kann – noch einmal Teenager sein? Nein danke, das wäre mir einfach zu anstrengend!

Mir graut allein bei dem Gedanken, dass ich versuchen müsste, mich dieser Altersgruppe anzupassen. Ich fände es auch nicht erstrebenswert, noch einmal zwanzig oder dreißig zu sein, nebenbei bemerkt. Für mich waren diese Jahre belastend, angefüllt mit dem Bemühen, mir meinen Platz in der Welt zu erkämpfen. Und der Himmel bewahre mich davor, die Zwischenrunde mit Ende vierzig, Anfang fünfzig wiederholen zu müssen!

Für mich war die gute alte Zeit alles andere als ein Zuckerschlecken. Ich machte mir ständig Sorgen, dass ich nicht gut genug, nicht intelligent genug, nicht schlank genug oder nicht begabt genug sein könnte. Ich kann aufrichtig behaupten, dass ich, was mein Wohlbefinden betrifft, erst jetzt die beste Zeit meines Lebens genieße. Meine Unzulänglichkeiten, über die ich mir den Kopf zu zerbrechen pflegte, sind nicht mehr so wichtig wie früher. Die Angst vor dem Alterungsprozess lässt nach, wenn man sich *mittendrin* befindet, statt ihn als drohen-

Das Glück der späten Jahre

des Ereignis von außen wahrzunehmen. Ich habe entdeckt, dass ich nach wie vor ich selbst bin, vielleicht sogar in noch höherem Maß.

Ich habe das Gefühl, dass ich erst jetzt beginne, der Mensch zu werden, der von Anfang an in mir angelegt war. Der dritte Akt präsentiert sich mir völlig anders als erwartet. Ich hatte nie damit gerechnet, dass ich als ältere Frau rundum zufrieden und bestrebt sein könnte, weise zu werden.

Das ist mir nicht in den Schoß gefallen. Ich habe hart dafür gearbeitet. Ich hatte viel Glück im Leben und war bemüht (manchmal dem eigenen Willen zum Trotz), das Beste aus dem zu machen, was mir gegeben war.

Aus der Sicht der Gesellschaft könnte man mich als einen Menschen bezeichnen, der den Gipfel überschritten hat, doch auf der anderen Seite entdeckte ich eine neue, anders geartete Landschaft, die mich herausfordert – eine Landschaft, die angefüllt ist mit einer Liebe in neuer Tiefe, neuen Wegen der Interaktion mit Freunden und Fremden, neuen Möglichkeiten, mich zum Ausdruck zu bringen und Rückschläge zu verarbeiten, und neuen Bergen, die es zu erklimmen gilt, auch im wörtlichen Sinn.

Auch der Psychiater C. G. Jung, Begründer der analytischen Psychologie, sann darüber nach, ob der Nachmittag des Lebens »lediglich ein klägliches Anhängsel« des Vormittags ist oder seinen eigenen Sinn und Zweck haben könnte.[4]

Ich finde, dass Rudolf Arnheims Diagramm Bogen und Treppe (siehe Vorwort) Jungs Frage perfekt beantwortet. Nach meinem Empfinden hat der dritte Akt durchaus seinen eigenen Sinn und Zweck! Er bietet uns die Chance, in die Tiefe zu gehen, uns selbst zu erfahren, ganz zu

---

4   Jung, Carl G., *Mensch und Seele*, Walter Verlag, Olten 1985.

Jane Fonda

werden. Er weist uns den Weg vom Ego zur Seele, wie der spirituelle Lehrer Ram Dass gesagt hat.

Professor Arnheim veranschaulichte dieses Argument, indem er seinen Studenten Dias von den frühen und späten Werken weltberühmter Künstler zeigte. Er war beispielsweise der Meinung, dass die Gemälde der Impressionisten »Produkte einer abgeklärten inneren Einkehr« waren, die das Alter mit sich bringt. Der Charakter und praktische Nutzen der materiellen Objekte, die sie malten, waren für sie nicht länger relevant, die Eigenheiten wurden verwischt dargestellt. Was die Impressionisten uns hinterlassen haben, war nach seinem Dafürhalten eine Weltsicht, die über das äußere Erscheinungsbild hinausgeht und den Blick auf die grundlegenden wesentlichen Merkmale richtet.[5]

(...)

---

5 Arnheim, Rudolf, *New Essays on the Psychology of Art*, University of California Press, Berkeley 1986.

LEBENSBILANZ: RÜCKBLICK UND VORSCHAU

Das ist der glücklichste Mensch,
der das Ende seines Lebens mit dem
Anfang in Verbindung setzen kann.

GOETHE

Eine Lebensbilanz zu erstellen gehört zweifellos zu den besten Ideen, die ich jemals hatte. Ich nahm mich selbst und mein Leben im ersten und zweiten Akt so sorgfältig und aufrichtig wie möglich unter die Lupe, um auch meine Schattenseiten anzunehmen und mich auf einen guten dritten Akt vorzubereiten. Dadurch begann ich allmählich, mich selbst, aber auch bestimmte Ereignisse und Menschen, die in meiner Vergangenheit eine Rolle gespielt hatten, mit anderen Augen zu sehen. Was sich änderte, waren nicht die damit verbundenen Tatsachen, sondern die Bedeutung, die ich ihnen beimaß. Ich war imstande, mein jüngeres Selbst aus einer völlig neuen Perspektive zu betrachten, mit mehr Einfühlsamkeit und Objektivität. Auch die Qualität der Beziehung zu bestimmten Personen und Ereignissen in meiner Vergangenheit, vor allem zu meiner Mutter und meinem Vater, wandelte sich, genau wie mein Selbstgefühl. In gewisser Hinsicht entdeckte ich wieder das temperamentvolle, starke Mädchen in mir, das ich immer gewesen war.

Erst bei der Lektüre des Buches *Der Mensch vor der Frage nach dem Sinn* wurde mir plötzlich klar, warum die persönliche Lebensbilanz so große Auswirkung auf mich hatte. Der Autor, der Psychiater Viktor Frankl, der während der Nazizeit viele Jahre im Konzentrationslager verbracht hatte, gelangte zu der Schlussfolgerung, dass uns alles, was wir im Leben besitzen, genommen werden kann, mit einer Ausnahme: die Fähigkeit, angesichts verschiedener Wahlmöglichkeiten eine bewusste Entscheidung zu treffen. Sie hat einen prägenden Einfluss auf die Qualität des Lebens, das wir führen – in weit stärkerem Maß als die Frage, ob wir reich oder arm, prominent oder unbekannt, gesund oder krank sind. Was die Lebensqualität bestimmt, ist *unsere Sicht auf diese persönlichen Lebensumstände*: welche Bedeutung wir ihnen beimessen, welche Einstellung sie dauerhaft in uns verankern, welche Gemütsverfassung sie auslösen.

(...)

Die elf Elemente

Es gibt elf Elemente, die dazu beitragen, gut zu altern – auf der physischen, emotionalen und psychologischen Ebene. Es liegt in unserer Macht, sie in unser Leben zu integrieren. Nachfolgend finden Sie eine Reihe wichtiger Studien und Bücher, vor allem die MacArthur Foundation Study über einen gelungenen Alterungsprozess, die Harvard Study

Das Glück der späten Jahre

of Adult Development und die Schriften von Dr. Robert Butler, dem verstorbenen Präsidenten und CEO des International Longevity Center in New York. Einige der Ideen stammen von den Experten, mit denen ich gesprochen habe; sie werden in den folgenden Kapiteln beschrieben und durch Fallbeispiele aus dem Leben meiner Freunde und aus meinem eigenen Leben veranschaulicht.

1. AUF ALKOHOL VERZICHTEN

Der weitgehende Verzicht auf Alkohol wird von einigen Gerontologen als wichtigster einzelner Indikator für einen gelungenen Alterungsprozess betrachtet. In seinem Buch *Aging Well* definiert Dr. George Vaillant den Alkoholmissbrauch (statt Alkoholkonsum) als Indiz für verschiedene alkoholbezogene Probleme (zum Beispiel mit Partnern, Familie, Arbeitgeber, mit dem Gesetz oder mit der Gesundheit).«[6] Er erklärt außerdem, dass »Alkoholmissbrauch keine Folge, sondern eine Ursache von erhöhtem Lebensstress und Depressionen« ist.

2. NICHT RAUCHEN

Nie geraucht oder in relativ jungen Jahren damit aufgehört zu haben ist ein weiterer Indikator für ein gesundes Altern. In der Harvard Study of Adult Development heißt es: »Wenn ein Mann mit 45 Jahren zu rauchen aufgehört hat, lassen sich die Auswirkungen des Nikotins (zwanzig Jahre lang jeden Tag mehr als ein Päckchen Zigaretten) mit 70 oder 80 Jahren nicht mehr feststellen.«[7]

---

6 Vaillant, *Aging Well*, S. 96.
7 Zitiert ebd., S. 206.

So wichtig diese beiden Punkte auch sein mögen, ich gehe nicht näher darauf ein, weil sie sich von selbst verstehen.

3. FÜR AUSREICHEND SCHLAF SORGEN
Mein Vater pflegte zu sagen, dass man weniger Schlaf braucht, wenn man älter wird. Nun, Dad, darauf warte ich noch immer! Im Durchschnitt schlafe ich jede Nacht acht bis neun Stunden und komme sehr schlecht mit weniger aus, ehrlich gestanden. Wenn ich genug Schlaf erhalten habe, macht mir Stress weniger zu schaffen. Vielleicht liegt es daran, dass Schlaf eines der besten Heilmittel gegen Stress ist.

Leider hatte mein Vater in anderer Hinsicht recht: Wenn man älter wird, wird der Schlaf zunehmend unruhiger. Viele alte Leute stellen fest, dass sie mehr Zeit im Bett verbringen, aber weniger schlafen. Der Tiefschlaf ist während der gesamten Lebensdauer wichtig und von zentraler Bedeutung, wenn wir älter werden und das Gewebe sich regenerieren müsste, Hormon- und Testosteronproduktion jedoch rückläufig sind. Schlaf ist unerlässlich für die Erneuerung des Körpergewebes, vor allem des Herzgewebes. Regelmäßige sportliche Aktivitäten stellen eine hervorragende Möglichkeit dar, die Tiefschlaffähigkeit zu verbessern.

Wenn Sie Schlafprobleme haben, sollten Sie nach dem Abendessen auf Kaffee oder koffeinhaltige Teesorten oder Softdrinks verzichten. Es wäre besser, den Kaffee ganz von der Liste zu streichen, bis auf eine Tasse am Morgen, wenn es nötig ist. Versuchen Sie, abends Produkte zu essen, die komplexe Kohlenhydrate und natürliches Tryptophan [eine Aminosäure] enthalten – zum Beispiel Milch und Pute.

Das Glück der späten Jahre

4. PHYSISCH AKTIV BLEIBEN

Über diesen Punkt gäbe es viel zu sagen. Ein gesundes Gewicht, ein starkes Herz und starke Knochen durch regelmäßige physische Aktivitäten sind eine Hauptkomponente im Rezept für einen gelungenen Alterungsprozess. Und die gute Neuigkeit ist: Selbst wenn Sie erst nach dem sechzigsten Lebensjahr damit beginnen, sie in ihr Leben zu integrieren, können Sie viele Probleme beseitigen, die dem Mangel an Bewegung geschuldet sind, und sich wesentlich besser fühlen. Das sollte eine Anregung sein, aktiv zu bleiben. Im nächsten Kapitel und in Anhang II und III finden Sie Einzelheiten über die Möglichkeiten, sich sportlich zu betätigen.

5. AUF EINE GESUNDE ERNÄHRUNG ACHTEN

Nie ist der Ausspruch »Du bist, was du isst« zutreffender als im dritten Akt. Wir sollten auf der individuellen Ebene und als Gesellschaft darauf achten, den Zucker- und Fettkonsum zu reduzieren und mehr Obst, Gemüse und komplexe Kohlenhydrate [als Energielieferanten] zu uns zu nehmen. (...)

6. DURCH LEBENSLANGES LERNEN GEISTIG FIT BLEIBEN

Es heißt, dass unser Gehirn fit bleibt, wenn wir uns regelmäßig mit Kreuzworträtseln und Sudokus beschäftigen. Mag sein, aber nur so lange, wie wir nicht an die Lösungsschemata gewöhnt sind. Zweifellos ist das Gehirn bei solchen Betätigungen aktiv. Ich benutze jedoch lieber den Begriff *lernen* statt *mentale Aktivitäten*, denn laut der aktuellen Ergebnisse der Hirnforschung setzt der Erhalt gesunder kognitiver Funktionen bis ins hohe Alter voraus, dass wir Aufgaben verrichten, die uns nicht vertraut sind, die Herausforderungen für den Verstand darstellen und uns zwingen, Entscheidungen oder eine Wahl zu treffen. Dazu kommt, dass Lernprozesse über einen längeren Zeitraum stattfinden. (...)

7. POSITIVITÄT: EINE POSITIVE GRUNDEINSTELLUNG FÖR-DERN
Fast alle neunzigjährigen oder noch älteren Menschen, denen ich begegnet bin, haben eines gemein: Positivität. Wissenschaftler des Stanford Center on Longevity haben diesen Begriff übernommen, um ihre Beobachtungen auf einen Nenner zu bringen. Mit Positivität ist eine positive Grundstimmung, eine positive Einstellung zum Leben gemeint; sie drückt sich durch Humor, Dankbarkeit, Versöhnlichkeit, Lust an Spaß und Spiel, Kreativität und Anpassungsfähigkeit aus. Ich habe diese Eigenschaften erst im dritten Akt entwickelt, was zeigt, dass die Experten recht haben, wenn sie behaupten: Wir können diese positiven Attribute erwerben, auch wenn sie uns nicht angeboren sind! (...)

8. RÜCKSCHAU UND REFLEXION
Ich war ziemlich überrascht, als ich in den Büchern von Dr. Robert Butler entdeckte, dass viele Gerontologen und Psychiater älteren Patienten diese Rückschau und Rückbesinnung empfehlen. Im Kapitel »Lebensbilanz: Rückblick und Vorschau« habe ich beschrieben, wie wichtig die Lebensbilanz für mich war (...).

9. LIEBEVOLLE BEZIEHUNGEN PFLEGEN
Menschen sind darauf programmiert, Wechselbeziehungen zu anderen Menschen einzugehen. Freunde, liebevolle Partner und eine starke Unterstützung des

sozialen Umfelds haben, wie seit Langem bekannt, eine unmittelbare positive Wirkung auf die Gesundheit, die kognitiven Fähigkeiten und die Langlebigkeit. (...)

10. GENERATIVITÄT: SOZIALES ENGAGEMENT

Dieser Begriff, der von dem Psychoanalytiker Erik H. Erikson im Rahmen des von ihm konzipierten Stufenmodells der psychosozialen Entwicklung geprägt wurde, bezieht sich auf die Verantwortung älterer Menschen für das Wohl nachfolgender Generationen, die in persönlichem Engagement zum Ausdruck kommt – durch das Einbringen von Wissen, Erfahrung, Zeit, Ressourcen und Werthaltungen. Das kann bedeuten: ein Kind unter seine Fittiche zu nehmen, Nachhilfeunterricht zu erteilen, vorzulesen in der Schulklasse der Enkelkinder – und sich dabei gleichzeitig zu vergewissern, dass sie auch am Unterricht teilnehmen! – oder Mädchen und Jungen in der Gemeinde oder in Entwicklungs- und Schwellenländern mit Rat und Tat zu unterstützen. In *Aging Well* schreibt Dr. Vaillant: »Generativität verdreifacht die Chancen, dass das siebte Lebensjahrzehnt für Männer und Frauen, die sie praktizieren, als eine Zeit der Freude statt der Verzweiflung wahrgenommen wird.«[8] (...)

11. DAS GESAMTBILD IM AUGE BEHALTEN

Wenn wir den Blick von uns selbst auf Dinge verlagern, die größer und wichtiger sind als wir selbst, fördern wir die ganzheitliche Entwicklung unserer Persönlichkeit und die Standfestigkeit, sodass wir durch die unvermeidlichen Verluste, die im späteren Leben

---

8   Ebd., S. 48.

auf uns zukommen, nicht aus der Bahn geworfen werden. Das bedeutet, den Fokus auf die Gemeinde, in der wir leben, auf unser Land oder die Erde generell zu richten. Dabei können wir auf dem Fundament unserer Erfahrungen, Talente, Interessen und... Verletzungen... aufbauen und einen Unterschied bewirken. Ein Firmenchef im Ruhestand leistet Starthilfe bei einem Mikrofinanzierungsprojekt in Kenia, eine pensionierte Lehrerin bringt Erwachsenen ehrenamtlich Lesen und Schreiben bei, eine frühere UPS-Mitarbeiterin bietet Fahrgemeinschaftsdienste für berufstätige Mütter an und ein Chemieingenieur berät Unternehmen in Sachen Umweltschutz, um nur einige Beispiele zu nennen. (...)

Die Elemente, die dafür sorgen, dass wir auch im Alter vital, zufrieden und auf Wachstumskurs bleiben, lassen sich bei den meisten von uns integrieren. Während des letzten Lebensdrittels, wenn aus den jungen Alten die alten Alten werden, können wir einige der besten Jahre unseres Lebens genießen, und die gute Neuigkeit ist, dass es nie zu spät ist, damit anzufangen. Viele, wenn nicht sogar die meisten dieser Elemente hängen von Entscheidungen ab, die unseren Lebensstil und die Bereitschaft betreffen, ein sinnvolles, zielgerichtetes Leben zu führen, statt uns planlos treiben zu lassen.

Ruth Maria Kubitschek

Anmutig älter werden

© 2013 by nymphenburger in der F. A. Herbig
Verlagsbuchhandlung GmbH, München
(S. 9–12, 150–153)
Abdruck mit freundlicher Genehmigung

Die Chance erkennen

Es bleibt einem gar nichts anderes übrig, als älter zu werden. Die Frage ist nur, wie. Am klügsten wäre es, anmutig älter zu werden. Anmutig heißt, dass man sich nicht gehen lassen darf, es beinhaltet Disziplin und Aufrichtigkeit sich selbst gegenüber. Was vorbei ist, ist vorbei, dem sollte man nicht nachweinen.

Ich versuche, immer im Moment zu sein, da, wo das Leben stattfindet. Es ist nicht vorher, es ist nicht nachher, sondern nur jetzt. Und im Jetzt ist auch alles nicht so schlimm.

Im Prozess des Älterwerdens lassen wir mehr und mehr Unwesentliches los. Wir haben die Chance, den Ereignissen und den Entscheidungen gelassener gegenüberzutreten. Unsere Sicht auf die Dinge verändert sich. Wir sind zu mehr Akzeptanz bereit und haben auch den Mut, einmal deutlich Nein zu sagen. Was jedoch auch immer passiert auf unserem Weg – wir sollten den Humor nie verlieren! Bei vielen Menschen, die ich kenne, ob Mann oder Frau, ist das Alter mit einem großen Makel behaftet, vor allem mit einer großen Angst, zum Beispiel nicht mehr geliebt zu werden, nicht gesund zu bleiben oder zu verarmen; vielleicht sogar das Erinnerungsvermögen zu verlieren und abhängig von der Hilfe anderer zu werden. Dies sind alles berechtigte Sorgen, denen man sich aber nicht hingeben darf.

Heute bin ich zweiundachtzig, und ich erschrecke nicht einmal bei der Zahl, weil ich mich innerlich gesünder und jünger fühle als mit vierzig.

Als ich vierzig wurde, stand die Zahl wie ein schwarzes Tor vor mir, durch das ich nicht hindurchgehen wollte. Ich sah nur Dunkelheit und konnte mir nicht vorstellen, dass dahinter noch Möglichkeiten voller Schönheit und Lebendigkeit auf mich warten würden.

Die schmerzhaften Verluste hatten sich schon in meinem Gesicht eingegraben, der Körper war auch nicht mehr das, was er einst gewesen war. Von nun an ging ich auf die fünfzig zu, was sollte da noch Aufregendes passieren?

So wurden die Jahre zwischen vierzig und fünfzig meine schwersten Jahre als Frau und als Schauspielerin ohne nennenswerte Erfolge. Heute weiß ich, es lag an meinem Denken, dass ich mir selbst diese Jahre so schwer gemacht habe – weil ich nur Dunkelheit sah. Deshalb konnte auch nichts anderes entstehen. Andererseits hatte ich mich in dieser Zeit so satt, dass ich mein Leben auf diese Weise nicht mehr weiterleben wollte. Ich wartete nicht länger auf die Hand, die sich mir von außen reichen würde, sondern suchte meine Stärke im Inneren.

Denn das Komische ist: Das Leben schert sich nicht um deine Ängste, es geht einfach weiter. Du wirst mit jedem Tag älter – ob du es willst oder nicht. Doch du hast es in der Hand, ob du unter dieser Tatsache leidest. Diese Wahl bleibt jedem von uns.

Mit dem Wissen von heute hätte ich damals das schwarze Tor der Angst spielerisch durchtanzt. Denn das Leben fängt überhaupt erst an, wenn man durch Verluste und Enttäuschungen eine gewisse Leidensfähigkeit entwickelt hat und sich davon nicht bestimmen lässt.

Ich habe verstanden, dass ich selbst für alle Ereignisse in meinem Leben die Verantwortung trage, habe aufgehört, die Schuld bei anderen zu suchen, und schaue immer, dass ich meine Sicht auf schwierige Situationen prüfe und mir überlege, wo ich mich ändern könnte – und nicht die anderen!

Als mir das klar wurde, was sehr lange gedauert hat, hörte ich mit meinem Gejammer auf.

Sie werden sich nun vielleicht fragen, was das mit anmutig älter zu werden zu tun hat: nach meiner Erfahrung, sehr viel. Wenn ich mit vierzig Jahren anfange, mein Leben in meine Hände zu nehmen, genügend Humor habe, um die Nackenschläge abzufangen, gehen die Mundwinkel nicht nach unten. Keine Bitterkeitsfalten bilden sich im Gesicht.

Selbst in den Fünfzigern schafft man es noch, Fehler abzufangen, die sich im Gesicht eingraben wollen. Sogar mit sechzig Jahren kann man noch das Schlimmste verhindern. (...)

Das Leben lehrt uns immer wieder, Dinge, Menschen, Ereignisse loszulassen. Das ist eine der schwersten, aber effektvollsten Übungen, wenn man es wirklich schafft, an nichts mehr zu haften und trotzdem das Leben zu lieben.

Ich glaube nicht, dass wir dort im Himmel besonders frohlocken und Manna essen. Wäre ja auf die Dauer langweilig. Wahrscheinlich werden wir auf unser Leben herabsehen und erkennen, warum wir es genau so und nicht anders gelebt haben, welche Erfahrung unsere Seele mitnimmt und welche sie loslässt.

Haben Sie keine Angst vor dem Älterwerden. Die Weisheit, die man sich mit jedem Jahr erwirbt, wiegt die Schmerzen, die man sich altersbedingt zugezogen hat, auf. Man schaut dem Leben der anderen ein bisschen aus der Entfernung zu. Lassen Sie sie nur rennen, langsam kommen Sie auch ans Ziel.

Meine goldenen Lebensregeln

- Haben Sie Vertrauen in das Leben, dann hat das Leben Vertrauen in Sie.
- Seien Sie großherzig, großzügig. Geben Sie immer, was Sie können. Von irgendeiner Seite kommt es zurück.
- Seien Sie nicht eifersüchtig auf andere, denen es vermeintlich besser geht.
- Versuchen Sie, auch in der Liebe nicht eifersüchtig zu sein.
- Man muss nicht immer recht haben, das macht eng und bitter.
- Lassen Sie jeden auf seine Weise recht haben, auch wenn Sie anderer Meinung sind.
- Wahrhaftig zu sein zahlt sich immer aus, denn Ihre Wahrhaftigkeit macht Sie authentisch.
- Meiden Sie Lügen. Ich kenne Menschen, die nicht direkt lügen, aber die Wahrheit verdrehen. Sie glauben am Ende, ihre kleine Verdrehung sei die Wahrheit, doch damit belügen sie sich selbst.
- Seien Sie achtsam mit sich und anderen. Ein unachtsames Wort kann töten.
- Haben Sie möglichst keine Erwartungshaltung an einen Menschen, eine Situation. Man kann den eigenen Fokus auf ein Ziel richten und beharrlich sein. Aber die größten Enttäuschungen müssen wir hinnehmen, wenn unsere Erwartungen nicht erfüllt werden.
- Mit Schuldzuweisungen sollte man sehr vorsichtig umgehen.
- Vielleicht sollte man das Wort »Schuld« aus seinem Wortschatz streichen und durch das Wort »Fehler« ersetzen. Fehler sind unsere Lehrmeister.

- Sie können einen Menschen nicht ändern. Aber Sie können Ihre Sicht auf diesen Menschen ändern, ihn so annehmen, wie er ist, dann geschieht meistens das Wunder, dass dieser Mensch einen Wandel erlebt.
- Freundschaften sollten Sie pflegen. Sie müssen nicht das Problemgepäck der Freunde tragen, aber Sie können mit ihnen Lösungen für ihre Probleme finden.
- Reichtum ist eine Prüfung. Wie gehe ich mit dem Reichtum um? Armut ist ebenso eine Prüfung, wie ertrage ich sie?
- Ruhm ist allenfalls auch eine Prüfung. Wie behalte ich noch den Boden der Normalität unter den Füßen?
- Seien Sie vorsichtig, wenn Sie jemand anderen beurteilen oder verurteilen. Sie schaden damit meist nur sich selbst
- Wir sollten vor allem nicht vergessen, wir sind auf der Erde, um glücklich zu sein. Vielleicht gelingt es uns auch, andere glücklich zu machen.

Sven Kuntze

Altern wie ein Gentleman
Zwischen Müßiggang und Engagement

© 2011 C. Bertelsmann Verlag, München,
in der Verlagsgruppe Random House GmbH
(S. 49–75)
Abdruck mit freundlicher Genehmigung

DAS RECHT AUF MÜSSIGGANG

»Jch will faul in allen Sachen,
nur nicht faul zu Lieb' und Wein,
nur nicht faul zur Faulheit sein.«

Gotthold Ephraim Lessing

Als ich mich am letzten Abend im Dienste der ARD von meinen Kolleginnen und Kollegen verabschiedete, dachte ich am Schluss einiger kurzer Bemerkungen laut über meine Zukunft nach: »Ich habe eine ganze Reihe von Plänen und Vorhaben. Ich überlege, mich ernsthaft mit dem Alkohol auseinanderzusetzen. Ich habe auch mit dem Gedanken gespielt, Wüstling zu werden, ein real verkommenes Subjekt, der Schrecken aller Schwiegermütter und die Sehnsucht aller Väter. Aber mein alter Freund Rolf Eden hat mir abgeraten. Das sei nichts für späte Seiteneinsteiger, sondern Pflicht und Fron ein Leben lang. Er muss es ja wissen. Vielleicht werde ich auch Eisbachsurfer in München. Vermutlich aber«, und beendete damit drei Jahrzehnte ARD-Mitarbeit, »ziehe ich mich nach

Das Glück der späten Jahre

Tunix zurück, spiele Golf, schaue in Straßencafés, verborgen hinter Sonnengläsern, den Passanten hinterher und vertue nutzlos meine Zeit. Dort in Tunix habe ich im Übrigen eine ganze Reihe von Kollegen im besten Arbeitsalter zur besten Arbeitszeit angetroffen, die sich dort beizeiten niedergelassen haben. Von denen soll ich euch herzlich grüßen. Vielen Dank!«

Gelächter, Applaus, das war es dann gewesen. Anschließend standen wir noch eine Weile bei Wein und Bier zusammen.

»Das mit Tunix war eine hübsche Pointe, aber es ist nicht dein Ernst«, meinte einer meiner zukünftigen ehemaligen Kollegen.

»Doch!«

»Ich kann mir nicht vorstellen, dass du nichts mehr tust. Ich könnte das nicht!«

»Undenkbar«, assistierte eine Kollegin.

»Ich kann mir das sehr wohl vorstellen!«

»Ich plane bereits jetzt für die Zeit nach meiner Pensionierung und baue einen kleinen Weinhandel auf«, verriet ein zufälliger Gast und Kollege aus dem Süden der Republik, der noch eine Handvoll Berufsjahre vor sich hatte und von diesen sinnvollen Gebrauch machen wollte.

»Ein Kollege aus der Wirtschaft, der übernächstes Jahr in Rente muss, richtet sich gerade ein Café mit Kunstgalerie ein«, wusste ein anderer zu berichten.

So ging das hin und her, und eine halbe Stunde später lag eine Rentenreform auf dem Tisch, die Arbeit für alle bis ans Lebensende vorsah. Grundlage unserer unerhörten Pläne war eine diffuse Furcht der älteren Kollegen vor freier Zeit und die Angst zu verlieren, was ihnen zur zweiten Natur geworden war: ihre Arbeit, die damit verbundene Anerkennung und das Gleichmaß ihres Alltags.

»Du bleibst uns erhalten«, verabschiedete sich schließlich mein letzter Gast mit einem freundlichen Klaps auf meine Schulter, »wir sehen uns wieder.«

Wir sind uns nie wieder begegnet, wenn man von einem kurzen Treffen auf der Rolltreppe des Bahnhofs Friedrichstraße zu Berlin absieht. Er war auf dem Weg zu einem Termin, der keinen Aufschub duldete, und so blieb es bei zwei, drei kurzen, unbeantworteten Fragen und der Aufforderung, unbedingt in telefonischem Kontakt zu bleiben. Dann war er wieder verschwunden. Diesmal für immer. Seine Visitenkarte habe ich, was das betrifft, vor die S-Bahn nach Pankow, die kurze Zeit später eintraf, flattern lassen.

So verließ ich zum letzten Mal und für immer das Studio, eingedenk des Ratschlags meiner Mutter: »Kehre nie zurück! Du störst.«

Seitdem bewege ich mich inmitten einer Schar grauköpfiger Arbeitsloser, denen eine sture Bürokratie und aberwitzige Vorschriften Zukunft und Sinn des Lebens geraubt haben: »Es ist eine Schande, dass man auf unsere Erfahrungen verzichtet.« – »Ich frage mich jeden Morgen, warum ich überhaupt aufstehe.« – »Ich habe neulich mit meiner früheren Sekretärin gesprochen. In meiner Abteilung geht es drunter und drüber!« – »Ich kann nicht mehr tun, als meine alten Beziehungen anzubieten. Wenn man darauf verzichten möchte – bitte sehr.« – »Weißt du noch, damals auf dem Bundesparteitag? Da blieb kein Auge trocken. Aber heute ...« So tönt es laut und leise, an- und abschwellend, aber stets in beleidigter Tonlage.

Das Gespenst der Nutzlosigkeit geht um. Von der einstigen Bedeutsamkeit und jenem aufregenden Moment, als die Kanzlerin bei einer Veranstaltung der hessischen Landesvertretung in Berlin durch ein angedeutetes Kopfnicken aus der Ferne zu verstehen gab, dass sie wusste,

Das Glück der späten Jahre

wer man war, bleiben vergleichsweise unansehnliche Krümel: die Großelternrolle, die Pflege des siechen Ehepartners oder ein ehrenamtlicher Einsatz. Das ist im Vergleich zum erfüllten Berufsleben eine klägliche Kulisse und eine echte Tragik für die Gesellschaft, denn von wenigen Ausnahmen abgesehen, haben unsere Nachfolger, davon sind wir Rentner überzeugt, wenig Ahnung und drohen das üppige Erbe zu verschleudern. Die Programme verflachen, der Stil verkommt, die falschen Leute machen Karriere, die Recherche liegt danieder, und die Regierenden können schalten und walten, wie sie wollen.

»Hast du gestern Abend die Nachrichten gesehen?« – »Geht ja gar nicht!« – »Nur noch peinlich!« – »Kein Gefühl für das Wesentliche!« – »Völlig unverständliches Durcheinander!« So oder so ähnlich sind wir Alten uns einig. Früher war eben alles besser.

Davor auch und davor ebenfalls, sodass wir nach wenigen Generationen Rückschau wieder im Paradies angekommen sind. In Wahrheit jedoch ist jede gute alte Zeit einmal eine schlechte neue gewesen.

In anderen Berufen sieht es ähnlich aus, wie man bei gelegentlichen Treffen mit Rentnern aus anderen Branchen ausführlich erzählt bekommt. Und guten Rat und Gratiserzählungen darüber, wie es einst war, will auch keiner haben, berichten diejenigen, die noch Kontakt mit ehemaligen Kollegen pflegen. Es herrscht eine Stimmung wie in der Warteschlange einer Arbeitsagentur, nur unterschieden durch die unmittelbare Umgebung: Golfplätze, Restaurants mit guter Küche und Dachterrassen mit weitem Ausblick.

Wir stehen vor der vertrackten, aber zwingenden Aufgabe, den Begriff »unverzichtbar«, der einst ein wesentlicher Bestandteil unseres Selbstbewusstseins war, zu entsorgen. Denn mit der ersten Rate unserer Rente sind wir verzichtbar geworden, was, aufs Ganze gesehen, jeder Einzelne von uns ohnehin stets war. Das braucht Zeit und ist ohne Entsagungen nicht zu schaffen.

Diese Zeit der Ratlosigkeit und des schmerzlichen Verlustgefühls hat ihre tiefe Ursache in der protestantischen Ethik, die nach Max Weber das sozialpsychologische Fundament der westlichen Industriegesellschaften bildet. Auf sie gehen deren wirtschaftliche Erfolge und schließlich deren politische Überlegenheit zurück. Sie ist ein vielschichtiges Gebräu aus Calvinismus, Fortschrittsgedanken, Aufklärung und technischer Entwicklung und äußert sich in jedem Einzelnen von uns in der täglich neu gelebten Überzeugung, dass die Arbeit der eigentliche Maßstab unserer Existenz sei. Wir sind geboren, um pünktlich, zuverlässig und fleißig unserem Tagewerk nachzugehen. Das ist ein wesentlicher Teil des Lebenssinns und unserer Daseinsberechtigung. Bruder Leichtfuß und seine Schwester Zerstreuung haben den Ernst des Lebens gründlich verkannt und zahlen dafür mit sozialer Verachtung. Wer keine erfolgreiche Berufskarriere im Rahmen seiner Möglichkeiten vorweisen kann, hat den Sinn seines vom Schöpfer geschenkten Lebens verfehlt. Der Herrgott seinerseits hat sich in der Zwischenzeit zurückgezogen. Auf Dauer hätte er mit seinem Tugendkatalog die Rationalität moderner Produktionsabläufe und deren Zumutungen gegenüber den Menschen gestört. Der Rest ist geblieben. Die enge Anbindung unseres Lebens an die Arbeit ist ein vorherrschender Bestandteil unserer Kultur und wird durch Elternhaus, Schule und Berufsausbildung stets aufs Neue tief in unsere Herzen und unser Bewusstsein gepflanzt, sodass wir schließlich überzeugt sind, ohne Beruf wertlos zu sein.

Das war nicht immer so. Im Gegenteil, zu Beginn unserer Zivilisation stand die Muße, eine enge Vertraute von

Das Glück der späten Jahre

Müßiggang und Zeitverschwendung, ganz oben auf der Tagesordnung. Die Griechen, die als Erste in Europa nachhaltig über die Bestimmung des Menschen nachdachten, kamen zu dem Ergebnis, dieser sei zur Muße geboren, als Voraussetzung, um sich den Musen hinzugeben. Die Arbeit hingegen war Fluch, dem man zu entrinnen suchte. Der soziale Status bemaß sich vor allem an der Distanz zu körperlicher Fron. Sokrates galt die Muße als Schwester der Freiheit. Ein erfülltes Leben bestand für ihn in ruhiger Kontemplation als Grundlage für die Entwicklung geistiger und schöpferischer Kräfte. Aristoteles befand: »Arbeit und Tugend schließen einander aus.« Wenn die Sorge um das tägliche Brot im Vordergrund des menschlichen Daseins stand, konnten Klugheit, Moral und Vernunft sich schwerlich entwickeln.

In der Folgezeit finden sich in der europäischen Geschichte zwar nur wenige konkrete Beispiele für den mutmaßlichen Zusammenhang von Muße und Weisheit, aber die Idee entwickelte über die Jahrtausende ein prächtiges Eigenleben, denn sie diente den gehobenen Ständen als Begründung für eine fidele Existenz meist weitab aller Weisheit.

Zu ganz ähnlichen Ergebnissen kamen zur selben Zeit die Denker im abgelegenen, noch unentdeckten China. Im Zentrum der Lehren des Taoismus steht die Philosophie des Nichtstuns, dargestellt im Bild vom Fluss des Lebens, auf dem sich der Einzelne, seinem Schicksal folgend, sanft, frei und erwartungsvoll flussabwärts treiben lässt.

Nun war aber auch den alten Griechen nicht verborgen geblieben, dass ohne Landwirtschaft und Handwerk ein Leben in reiner Muße recht kärglich sein würde. Bei aller Bewunderung für Diogenes wurde dessen asketischer Lebensstil nie Vorbild seiner Zeitgenossen, weshalb Frauen, Sklaven und schollengebundene Bauern das mühselige Tagewerk übernehmen mussten.

Bei den Römern hatten Landwirtschaft und das ertragreiche Verwalten großer Güter zwar einen besseren Ruf als bei ihren griechischen Vorbildern – schließlich wollte ein ganzes Weltreich ernährt werden –, trotzdem genoss der Müßiggang neben der Kriegskunst weiterhin höchstes Ansehen. In gewissem Sinn ist er die Kehrseite des Krieges, denn wer nicht arbeitet, wird dem Nachbarn die Früchte seiner Felder rauben müssen.

Gottes Sohn hielt, eingedenk der paradiesischen Zustände in seiner Heimat, ebenfalls wenig von geregelter Arbeit: »Sehet die Lilien auf dem Felde, wie sie wachsen; sie arbeiten nicht, auch spinnen sie nicht, und doch sage ich euch, dass Salomon in all seiner Pracht nicht herrlicher gekleidet war« (Matth. 6, 28–29). Diesem Schlendrian bereitete Paulus, dem daran gelegen war, eine realitätstaugliche Kirche einzurichten, bald ein Ende. Im zweiten Brief an die Thessalonicher heißt es bereits drohend: »Wer nicht arbeiten will, soll auch nicht essen.« Die Benediktiner schließlich brachten den Sinn christlicher Existenz auf die knappe Formel: »Bete und arbeite«.

Doch selbst noch im 18. Jahrhundert hielt sich der französische Adel, dessen Lebensstil dem Kontinent Vorbild war, lieber an die Vorgaben der Antike. Die einzige Möglichkeit, den Adelstitel zu verlieren, bestand darin, bei der verpönten Lohnarbeit ertappt zu werden – ein Risiko, das allenfalls eine Rosenschere in adligen Händen zuließ.

Zur selben Zeit erhob jedoch ein bislang unbekannter Chor seine gewichtige Stimme und bemächtigte sich des Themas, denn die Industrialisierung verlangte gebieterisch nach einer neuen Arbeitsmoral. Immanuel Kant stellte in seiner Liste der drei Laster neben Feigheit und

Falschheit die Faulheit an erste Stelle. Sein Zeitgenosse David Hume vertrat die kühne sozialpsychologische These: »Beinahe alle moralischen und natürlichen Übel des menschlichen Lebens entspringen der Trägheit.« Bei so viel Ursache war es um diese bald geschehen. Der nicht minder bedeutsame Benjamin Franklin gab demselben Verdacht positiven Ausdruck: »Früh schlafen gehn und früh aufstehn schafft Reichtum, Weisheit, Wohlergehn.« Friedrich Schiller schließlich, selbst ein Vorbild an Fleiß und Umtriebigkeit, brachte all das in einem formal tadellosen Zweizeiler unter: »Arbeit ist des Bürgers Zierde – Segen ist der Mühe Preis.«

Mitte des 19. Jahrhunderts hatten Pädagogen, Kirche und – dort, wo sie notwendig war – Gewalt die revolutionäre Arbeitsmoral fest in den Köpfen und Seelen der Menschen verankert. Die neue Pädagogik, so analysiert Michel Foucault, hatte es nicht mehr auf den Körper als Objekt der Züchtigung abgesehen. Sie drang in die Psyche der Menschen ein und ersetzte die traditionelle, eingebläute Disziplin, die nicht immer nachhaltig war, durch Selbstdisziplin. Zu den Messeinheiten der Bürgerlichkeit zählen seither Zurückhaltung der Affekte, ein stabiles Über-Ich, Langsicht über den Augenblick hinaus und Arbeitsethos. Es war dies der größte Paradigmenwechsel in der Geschichte des menschlichen Bewusstseins. Er veränderte tiefgreifend unsere Beziehungen untereinander, zur Natur, zur Kunst, zum Leben und zu uns selbst. Wo einst Unmittelbarkeit war, schob sich der neue Arbeitsstil wie ein Filter zwischen jeden Einzelnen und seine Umwelt und bestimmte, was uns lieb und teuer, wichtig und unwichtig sein würde. Das große Reformwerk bemächtigte sich obendrein, als wesentliche Voraussetzung seines Erfolgs, der Sprache und veränderte die Bedeutung einst geschätzter Begriffe wie Zeitvertreib, Bequemlich-

keit, Müßiggang und Ausschweifung. Der späte Nach-
fahre des adligen Bummelanten, der Flaneur, wurde rüde
beiseitegeräumt und in die Feuilletons und Wohnquar-
tiere der Bohemiens verbannt, wo er, den Blicken der ar-
beitenden Bevölkerung entzogen, keinen Schaden mehr
anrichten konnte.

Der französische Moralist La Bruyère hatte diese Ent-
wicklung scharfsinnig erkannt, als er, wenngleich ver-
gebens, den famosen Vorschlag machte: »Es fehlt dem
Müßiggang der Weisen nur an einem besseren Namen:
Wie, wenn man sich bereitfände, Nachdenken, Sprechen,
Lesen und Stillhalten Arbeiten zu nennen?«

Nachdem der Müßiggang bis auf wenige Reste aus-
gerottet war, sind wir alle zu Sklaven der modernen Arbeitsmoral geworden, mittels derer indes unvorstellba-
rer gesellschaftlicher Reichtum geschaffen wurde. »Die
Tätigen rollen, wie der Stein rollt, gemäß der Dummheit
der Mechanik«, beschrieb Nietzsche die Natur des neuen
Menschen. Und E. M. Cioran ergänzte knapp: »Die Arbeit
ist ein Fluch. Doch der Mensch hat diesen Fluch in eine
Wollust umgemünzt.« Die industrielle Revolution war
neben anderem ein erbitterter Kampf zwischen Faulheit
und Arbeit und deren technischem Äquivalent, der Glühbirne. Arbeit und Glühbirne haben sich schließlich durch-
gesetzt.

Trotz deren unbestreitbaren Siegeszugs gab und gibt
es weiterhin zahlreiche Anhänger der alten Lehre von
der gesunden Trägheit, denn Utopien, vor allem wenn sie
vom gelungenen Leben berichten, sind zäh wie Katzen.

Paul Lafargue, der Schwiegersohn des unfassbar flei-
ßigen Karl Marx, hat 1883 in einer kleinen Schrift dem
»Recht auf Arbeit« das »Recht auf Faulheit« entgegenge-
setzt und hofft am Schluss ein wenig pathetisch, wenn
es gelänge, ein »ehernes Gesetz zu schmieden«, das jeder-

mann verbiete, mehr als drei Stunden pro Tag zu arbeiten, so werde »die alte Erde, zitternd vor Wonne, in ihrem Innern eine neue Welt sich regen fühlen«.

Bertrand Russell, ein engagierter Parteigänger der Muße, notierte in einem hübschen Essay: »Ohne die Klasse der Müßiggänger wären die Menschen heute noch Barbaren«, und fährt fort:

»Ich glaube nämlich, dass in der Welt zu viel gearbeitet wird, dass die Überzeugung, Arbeiten sei an sich schon vortrefflich und eine Tugend, ungeheuren Schaden anrichtet.«

Mitte des 19. Jahrhunderts hatten die Vertreter einer strengen Arbeitsmoral schließlich gesiegt – diesseits der Alpen zumindest. Jenseits aber, dort, wo der Papst weiterhin das Sagen hatte, nahm sich die Entwicklung Zeit und schuf zahlreiche Ruhepunkte für einen gemächlicheren Gang der Dinge. Bis in unsere Tage gibt es in Italien, Spanien und Griechenland ungezählte Widerstandsnester, verteidigt durch rüstige Rentner, die sich weit vor dem gesetzlichen Renteneintrittsalter und unter allgemeiner Zustimmung von der Arbeit verabschiedet haben. Sie sind der Jugend kein Ärgernis wie bei uns, sondern Vorbild für die eigene Lebensplanung. Ab dem späten Vormittag finden wir sie auf den Marktplätzen und in den Cafés mit tiefsinnigen Gesprächen beschäftigt. Unterbrochen wird die Redseligkeit während der heißen Mittagsstunden durch ein Nickerchen – übrigens eine ehrwürdige Einrichtung, die nördlich der Alpen ebenfalls der neuen Arbeitsmoral und einer unbarmherzigen Anti-Nickerchen-Politik zum Opfer gefallen war, denn Maschinen brauchen keine Mittagsruhe. Nach der schattenlosen Mittagshitze geht es auf den Marktplätzen des Südens wortreich weiter, bis Hunger oder Dunkelheit oder beides die Gesprächsteilnehmer nach Hause treiben, wo sie von ihren Frauen und einer warmen Mahlzeit als Lohn für ihr anstrengendes Tagewerk erwartet werden.

Bis zum letzten Arbeitstag hatte die protestantische Ethik, die so sorgfältig und aufwendig in unser aller Hirne und Herzen implantiert worden ist, auch mir persönlich gute Dienste erwiesen. Sie war, ohne dass ich mir dessen bewusst gewesen wäre, Voraussetzung für meine berufliche Karriere und sorgte dafür, dass ich jeden Morgen guter Dinge zur Arbeit ging. Sie hat über Jahrzehnte jene Zweifel bekämpft und unterdrückt, die ich – wie jeder von uns – bisweilen am Sinn der Arbeit hatte. Flankiert und unterstützt wurde sie von den Accessoires erfolgreicher Berufsausübung: Ansehen, Einkommen und Wichtigkeit.

Mit dem letzten Arbeitstag jedoch wurde sie zum Psychoschrott, den es umgehend zu entsorgen galt, wenn ich friedlich alt werden wollte. Denn von diesem Augenblick an wirkte sie in meiner Seele wie ein entzündeter Blinddarm im Leib. Gegen Ende unserer beruflichen Laufbahn werden wir von Nutznießern der protestantischen Ethik zu deren Opfer. Damit war für mich der Zeitpunkt gekommen, einer Aufforderung von Georg Büchner zu folgen: »Unser Leben ist der Mord durch Arbeit, wir hängen sechzig Jahre lang am Strick und zappeln, aber wir werden uns losschneiden.«

Freilich – die protestantische Arbeitsmoral ist zäh und facettenreich. Wir können sie nur Stück für Stück und Schritt für Schritt forträumen, denn sie und alle Einzelteile, die mit ihr zusammenhängen, gehörten bislang untrennbar zu unserer Identität. Ihr Verlust ist deshalb schmerzhaft. Wir müssen uns zum Teil selbst abschaffen und neu erfinden, was uns nach einem langen, gleichförmigen Marsch durch das Berufsleben vor unerhörte Herausforderungen stellt. Bis die letzten Reste der Arbeitsmoral getilgt sind, können Jahre vergehen. Manche Spuren werden sich nie beseitigen lassen, denn was die tief empfundene Frömmigkeit dem Mittelalter war, ist die protestantische Ethik der Moderne: das wirkungsvollste psychische Konstrukt in jedem Einzelnen von uns.

Wer in Rente geht, zieht guten Rat an wie Honig die Bären. Lange vor dem letzten Arbeitstag wollten die Wohlgesinnten unter meinen Bekannten, und das waren sie alle, in besorgtem Tonfall wissen, ob ich meine alten Tage rechtzeitig und sorgfältig vorbereitet hätte. »Der Keller ist bald aufgeräumt, der Dachboden schnell entrümpelt und das letzte Unkraut irgendwann gejätet. Dann stehst du vor dem Nichts, und damit ist nicht zu spaßen.«

Deshalb müssen frühzeitig Maßnahmen ergriffen werden, dem Nichts keine Chance zu lassen. Von großer Bedeutung ist dabei ohne Zweifel eine sinnvolle Beschäftigung, am besten von ähnlicher Qualität wie der einstige Beruf. Die Tage wollen in Zukunft sorgfältig geplant sein, denn das fehlende Korsett des Berufs kann zur Verwahrlosung führen, wie bei jenen Rentnern, die gegen elf Uhr in Trainingsanzügen, unrasiert, mit ungepflegten Haaren und rotem Kopf beim Discounter auftauchen. Was haben wir eigentlich gegen die? Gibt es eine Kleiderordnung für Discounter? Ist eine fröhliche Miene nicht allemal besser als gekämmtes Haar? Beginnt die neue Freiheit mit einer langen Liste von Vorschriften für den seriösen Rentnerauftritt? Dürfen wir endlich die Seriosität mit ihren Geschwistern Biedersinn und Schicklichkeit, die schlimmsten aller protestantischen Kampfbegriffe, zum Teufel jagen?

Frühes Aufstehen und präzise Tagespläne waren nach Auffassung meiner zahlreichen Berater weitere Maßnahmen gegen das drohende Nichts, von dessen Existenz ich bislang kaum Notiz genommen hatte. An die Stelle von

Studioterminen, Pressekonferenzen, Redaktionssitzungen, Recherchen und der täglichen Lektüre einer Handvoll Zeitungen und Zeitschriften sollte eine reichhaltige Palette an Museumsbesuchen, Theaterabenden, Ehrenämtern und akribisch geplanten Fernreisen treten. Alle Vorschläge liefen am Ende darauf hinaus, der protestantischen Ethik in meinem Inneren weiterhin zu ihrem Recht zu verhelfen.

Verunsichert nahm ich deshalb dankbar eine Stelle im Medienbereich an, die mir kurz nach Rentenantritt angeboten wurde. Es war eine der dümmsten Entscheidungen meines Lebens, und das ist nicht eben arm an solchen. Plötzlich saß ich wie ehedem den Tag lang an einem Schreibtisch, ließ endlose Konferenzen über mich ergehen und mischte mich in die üblichen redaktionsinternen Streitereien ein, während draußen ein ungewöhnlich schöner Sommer an mir vorbeizog.

Nach sechs Wochen hatte ich genug und traf eine der klügsten Entscheidungen meines Lebens, und die sind schon seltener. Ich bedankte mich kurz, verabschiedete mich knapp und machte mich auf den Weg zum nächsten Golfplatz. Seither geht es mir blendend. Den vorgeplanten Krempel habe ich zum großen Teil entsorgt und lasse mich in der Zwischenzeit häufig auf Ereignisse ein, die spontan und unerwartet auf mich zukommen. Ich lasse mich treiben und weiß oft heute nicht, was morgen sein wird. Ich versuche mich neuerdings am Augenblick, nachdem ich über lange Jahre vorwiegend in der Zukunft gelebt hatte, die, außer in Tagträumen, ein unwirtlicher Ort sein kann.

Selbstredend werde ich weiterhin von Überbleibseln aus der Vergangenheit belästigt und beherrscht. Ich plane neuerdings Urlaubsreisen präzise bis ins letzte Detail. Das klappt nie, führt ständig zu Verdruss und ist für meine Umwelt ein realer Verlust an Lebensqualität, also eine Schrulle, der ich keine lange Zukunft mehr geben sollte. Ich arbeite an mir.

In Ermangelung wichtiger beruflicher Telefongespräche rufe ich außerdem, stets bereit zu ausführlichen Gesprächen, kreuz und quer durch die Republik jeden an, den ich erreiche. Das strapaziert sowohl das Zeitbudget beider Seiten wie auch die Höflichkeit am anderen Ende der Leitung – eine weitere Baustelle, an der es noch zu arbeiten gilt.

Ich bin jedoch nicht der Einzige, der auf neuen Gebieten Beschäftigung sucht. Ein Bekannter von mir, das vertraute mir jüngst dessen Frau an, hat begonnen, Fläschchen zu sammeln.

Früher wurden die gläsernen Behältnisse für Kapern, Senf, Oliven und Gurken in der Weißglastonne entsorgt. »Heute reinigt er sie sorgfältig und stellt sie zu den vielen anderen, die er bereits besitzt. Vor Kurzem hat er frühmorgens in einem Hotel sogar die kleinen Marmeladengläschen eingesteckt. Sie sind jetzt, geleert und gereinigt, Teil seiner Sammlung. Was bedeutet das?« Ich weiß es auch nicht. Offensichtlich eine Übersprunghandlung als Ersatz für erlittenen Verlust im Kampf gegen die alte Arbeitsmoral, die erbittert ihr Terrain verteidigt.

Später erzählte ich einem ehemaligen Kommilitonen, der Ordinarius für deutsche Literatur geworden war, von meinen Erfahrungen. Im Gegensatz zu mir hatte er versucht, in den letzten Jahren seiner Lehrtätigkeit das zukünftige Rentnerdasein bis in alle Einzelheiten in den Griff zu bekommen: »Nach einiger Zeit habe ich diese Bemühungen jedoch aufgegeben. Zum einen kann man sich nicht vorstellen, wie man nach dem letzten Arbeitstag denkt, fühlt und was für ein Mensch man unversehens geworden ist. Zum anderen macht diese Planungsarbeit

Sven Kuntze

die Gegenwart sehr unbehaglich, und die wird täglich kostbarer. Ich bin also unvorbereitet in Rente gegangen, und es ist mir gut bekommen. Gelegentliche Durchhänger müssen überwunden werden. Dazu sind sie da. Sie gehören zum Leben – vor und nach der Rente.«

Um zu verhindern, dass die protestantische Ethik heimlich und getarnt in uns überlebt, müssen wir deren Natur und Arbeitsweise verstehen lernen. Erst danach kann die Reform am Ich erfolgreich in Angriff genommen und neue Lebensformen wie etwa die Langsamkeit können erschlossen werden.

Einst war diese ein vertrauter Teil des öffentlichen Lebens gewesen. Kulturhistoriker berichten, Mitte des 19. Jahrhunderts hätte man im Bois de Boulogne Schildkröten spazieren geführt. Wenig später machten die große Hast und die Geschwindigkeit der Maschinen dieser Gemächlichkeit gehörig Beine und verjagten sie fast gänzlich aus unserem Leben. Im Alter entdecken wir sie nun wieder. Der Körper wird ohnehin mehr Ruhe brauchen. Wer diese zwangsläufige Entwicklung in seinem Selbstverständnis bereits vorweggenommen hat, der wird sein späteres Schicksal leichter erleiden. Denn leiden werden wir mit wenigen Ausnahmen alle.

Der nächste Schritt besteht darin, sich einer verdächtigen Schar neuer Freunde und Begleiter anzuschließen: der Zeitvergeudung, dem Schlendrian und der Trägheit. Mit dieser bunten Truppe werden wir künftig unsere Tage verbringen. Einst waren sie unsere erklärten Feinde, die Vernünftigen unter uns haben sie meist gemieden. Wer sich trotzdem mit ihnen gemein gemacht hatte, gefährdete seine Karriere. Jetzt werden sie zu kundigen Pfadfindern durch unsere Zukunft. Wer fremdelt und den Kontakt scheut, darf für sich bleiben, aber es wird einsam und freudlos um ihn werden.

Als äußerer Ausdruck unserer neuen Identität sollten wir das Schlendern beherrschen lernen. Es ist dies das Gehen des Flaneurs mit halber Schrittlänge und flacher Sohlenhöhe in einer Körperhaltung, die Ziellosigkeit signalisiert. Wer zügig zu einem Termin eilt, muss auf den Weg achten, um nicht zu stolpern. Seine Gedanken beschäftigen sich mit der Situation, die vor ihm liegt. Die Umgebung ist ihm konturenlose Kulisse von zeitraubendem Ausmaß, ihre Einzelheiten nimmt er nur am Rande wahr. Ihm ist das Ziel alles und der Weg lästig. Er ist ein vorbildlicher Vertreter der protestantischen Ethik.

Der Flaneur hingegen kennt kein Ziel, indessen unbegrenzt Wege. Er achtet das Straßenpflaster nur, weil er unter ihm den Strand vermutet. Ihm bleiben die Sinne frei für die unmittelbare Umgebung, die mit der Anzahl der Lebensjahre stetig an Bedeutung gewinnt. Wir müssen »aus der Haustür treten, als sei man gerade in einem fremden Land angekommen; die Welt entdecken, in der man bereits lebt; den Tag so beginnen, als sei man gerade vom Schiff aus Singapur gestiegen und als habe man noch nie seine eigene Fußmatte oder die Leute auf dem Treppenabsatz gesehen«, erklärt dazu Walter Benjamin, der selbst ein redlicher Flaneur gewesen war.

Der Flaneur darf jedoch nicht verwechselt werden mit dem Touristen, der umtriebig von Attraktion zu Attraktion eilt, um dort die Wirklichkeit sorgfältig mit seinem Reiseführer abzugleichen. Das ist eine moderne Form der Sammelleidenschaft, hinter der sich die protestantische Ethik verborgen hält, die im Berufsleben ihren Bezugspunkt verloren hat und sich nun auf die Freizeit stürzt.

Am besten, man folgt dem Dandy aus Joris-Karl Huysmans' Roman *Gegen den Strich*, dem das »Reisen als Zeitverschwendung« erscheint, da er glaubt, dass ihm »die Fantasie mehr als angemessenen Ersatz für die vulgäre

Wirklichkeit des tatsächlichen Erlebnisses bieten könne«.
Fantasie und Einbildungskraft sollten ohnedies eine gewichtigere Rolle im Leben der Alten spielen. Sie können Sinne, Schnellkraft und Beweglichkeit ersetzen, wenn diese ihren Dienst nach und nach einstellen.
Neuerdings sind betagte Flaneure auf den Golfplätzen des Landes gesichtet worden, denn so ganz können wir vom zielgerichteten Verhalten mit leichter Konkurrenzbeimischung nicht lassen. Seither herrscht auf den Anlagen, die bislang Walhallas der Langeweile waren, ein angeregter Tonfall. Wer in vier Stunden acht Kilometer zurückgelegt hat, muss gemächlich gegangen sein. Es bleibt viel Zeit zum Gedankenaustausch, man hat ständig Gesprächsstoff, guter Rat ist gefragt, und der sorgfältige Umgang mit reichhaltigem Besteck erinnert an eine Tafel mit erlesenen Genüssen. Statt kurzer Röcke, mit denen wir ohnehin nicht mehr viel anzufangen wissen, betrachten wir Hummeln, Birken und den dottergelben Hahnenfuß.
Wer dort draußen im tiefen Rough auf der Suche nach Bällen umherstreift, hat gute Gelegenheit, Gedanken und Fantasie aus der Gewalt von Nützlichkeit und Verwertbarkeit, die sie bislang gefangen hielten, zu befreien. Nicht um schöpferisch tätig zu werden – dazu ist es zu spät. Der zwanghafte Wunsch, im Alter künstlerisches Potenzial in sich zu entdecken, folgt weiterhin der Diktatur der alten Arbeitsmoral. Selbst gründliche Suche wird nur in Ausnahmefällen verwertbare Begabungen zutage fördern, denn Talent bahnt sich früh seinen Weg und schlummert selten über Jahrzehnte im Verborgenen. Der Kopf muss frei werden für die Herausforderungen der täglichen Augenblicke. Sie sind das flüchtige Material, aus dem unser Leben nun besteht, und das verträgt sich nur schlecht mit den alten Urteilen, Vorurteilen und Gewissheiten. Diese

Das Glück der späten Jahre

mögen einst nützlich gewesen sein, aber im Rentnerdasein stören sie. Wir müssen uns ihrer entledigen.

Die protestantische Ethik ist im Übrigen ein Gegner, der sein Terrain nicht ohne Widerstand aufgeben wird. Sie ist kein gordischer Knoten, den es mit einem beherzten Hieb zu durchschlagen gilt, sondern die Hydra in jedem von uns, vielförmig, beweglich und listig. Sie verändert ihre Gestalt, wenn sie in die Enge getrieben wird. Sie zieht sich zurück, verharrt über lange Zeit unentdeckt im Ruhezustand, um überraschend wieder präsent zu sein.

Natürlich wäre es lächerlich, im Zusammenhang mit diesem Kapitel von Pflichtlektüre zu sprechen. Wer jedoch Zeit erübrigen kann, sollte auf das Studium der folgenden beiden Bücher, denen ich viel verdanke, ohne dies im Einzelnen ausgewiesen zu haben, nicht verzichten: Wolfgang Schneiders *Enzyklopädie der Faulheit* und Tom Hodgkinsons *Anleitung zum Müßiggang*.

Bei meinen Erkundungsgesprächen mit Vorgängern in die Rentnerexistenz wurde mir häufig geraten: »Du musst rechtzeitig aus den Federn. Wenn du beginnst, im Bett herumzulungern, ist dies der Anfang vom Ende.« Das klang so bedrohlich, dass ich stets vergaß nachzufragen, von welchem Ende eigentlich die Rede war. Wer früh aufstehen möchte, muss zudem früh zu Bett – eine Aufforderung, die ganz im Gegensatz zu der tiefsinnigen Einsicht von Dr. Johnson, dem klugen und unkonventionellen Freigeist aus dem 18. Jahrhundert, steht: »Jeder, der meint, vor zwölf zu Bett gehen zu müssen, ist ein Halunke.«

Mir war die Aussicht, in meinem neuen Leben mit den Vögeln aus den Federn zu müssen, von Beginn an verdrießlich. Ich hatte mich immer auf die Wochenenden gefreut und mich mit Zeitungen, Kaffee und Musik bis zur Mittagszeit im Bett wohlgefühlt, häufig unterbrochen durch jenen halbwachen Zustand, in dem Traum, Fanta-

sie und Realität eine raffiniert schwebende Mischung eingehen – ganz im Sinn des verehrten Dr. Johnson:
»Der glücklichste Teil im Leben eines Menschen ist der, den er morgens wach im Bett verbringt.« Das hat auch keiner meiner Gesprächspartner in Abrede gestellt, aber zur Bekräftigung der Empfehlung, dem ersten Sonnenstrahl auf Augenhöhe zu begegnen, jene seltsame Theorie hinzugezogen, die besagt, schöne Erfahrungen könnten nur in der Differenz zu ihrem unschönen Gegenteil genossen werden. Ferien entwickeln demnach ihren Reiz vor dem Hintergrund der Arbeit und der Champagnergenuss den seinen im Gegensatz zur Apfelschorle. Da ich nun nicht mehr arbeite, so ihr logischer Schluss, würde mir ein ausgiebiger Morgen zwischen Matratze und Bettdecke auch keine Freude mehr bereiten können.

Mir war diese Theorie stets verdächtig gewesen. Sie macht aus Lustbarkeit und Sinnenfreude, die ohnedies nicht leicht zu fassen sind, Fußnoten der Arbeit und der Pflichterfüllung. Beide sind demnach ursächlich für die Zerstreuung, deren einziger Zweck die Erholung, als Voraussetzung neuerlicher Arbeit, ist. Es ist die theoretische Begründung für den törichten Satz »Erst die Arbeit, dann das Vergnügen« und ein wichtiger Teil der protestantischen Ethik.

Als Erstes habe ich den Wecker in seiner doppelten Funktion als Uhr und Agent der Pünktlichkeit aus meinem Schlafzimmer verbannt. Ich möchte nicht mehr wissen, wie spät es ist, wenn ich im Morgengrauen in den ersehnten Halbschlaf übergehe, der es mir hin und wieder erlaubt, nach meinen Wünschen zu träumen. Schon gar nicht möchte ich geweckt werden. Ich bin mir Uhr genug, und bislang habe ich noch keinen einzigen wichtigen Termin versäumt. Es gab indes auch keinen, was das betrifft.

Das Glück der späten Jahre

Mein Vormittag gehört den Daunenfedern und dem Morgenmantel, und wenn ich bei Einbruch der Abenddämmerung mit Somerset Maugham sagen kann: »Es war ein so wundervoller Tag. Es wäre eine Schande gewesen aufzustehen«, bin ich ein glücklicher Mensch gewesen.

Diesem Gedanken folgte auch jene herausragende Aktion von John Lennon und Yoko Ono, die 1969 für den Weltfrieden eine ganze Woche vor aller Augen im Bett verbrachten und absolut nichts taten. Sie führten vor, dass ein Bett mehr sein kann als der Ort der Reproduktion und des Kräftesammelns inmitten lieblos gestalteter Umgebung.

Wir müssen jedoch nicht nur Gewohnheiten und Ansichten aus den Fesseln der protestantischen Ethik befreien: Auch unser Anekdotenschatz steht auf dem Prüfstand. Anekdoten sind bewährte, oft erzählte Episoden aus unserer Vergangenheit, die wir im Lauf der Jahre ständig auf ihre Wirksamkeit überprüft und, wenn nötig, verändert und verbessert haben. Sie sind ein wichtiges Werkzeug im Kampf um Aufmerksamkeit und sozialen Erfolg. Wer keine Anekdoten weiß, wird häufig schweigen müssen und gilt den anderen bald als Langweiler. Nebenbei ist die Anekdote ein verlässlicher Maßstab für den Zustand einer Ehe. Loyale Eheleute werden die Anekdoten ihres Partners ohne jegliches Anzeichen von Ungeduld ertragen, selbst wenn sie die Geschichten schon hundertfach gehört haben.

Während meiner Berufszeit handelten Anekdoten häufig von der Arbeit und den Kollegen. Meist erschien der Erzähler dabei in besonders vorteilhaftem Licht. Das funktionierte, weil in der Anekdote jeder sein eigener Held und Autor ist. Mir sind daher kaum Geschichten erinnerlich, einschließlich meiner eigenen, in denen der Erzähler ein schlechtes Bild abgegeben hätte.

Für den Rentner sind die Zeiten couragierter Auseinandersetzungen mit dem Chef, den Kollegen, der Konkurrenz und neuer Technik jedoch Vergangenheit. Die Heldentaten von früher langweilen die Gleichaltrigen und stoßen bei den Jüngeren auf Unverständnis. Jetzt stehen das Misslingen und die ironische Distanz zu sich selbst auf der Tagesordnung. Die Niederlage, ohnehin unser tägliches Schicksal, wird zum beherrschenden Thema. Damit sind die alten, bewährten Anekdoten hinfällig geworden, wir müssen sie aus unserer Geschichtensammlung aussortieren und Raum für neue schaffen. Eine unerschöpfliche Quelle werden jetzt der langsame, mit resigniertem Humor akzeptierte Verfall des eigenen Körpers, der wehmütige Rückblick und der Alltag in den Wartezimmern der Ärzte. Nebenbei erschließt sich uns dort eine ganz neue Welt von Lesestoff.

Der Lebensabend wird kurzweiliger, wenn wir über das Missgeschick anderer, das auch immer unser eigenes ist, lachen dürfen. Der Zweck von Anekdoten ist nun nicht länger die Bestätigung von sozialem Ansehen und beruflichem Erfolg, sondern das Berühren der Seele und des Gemüts der Zuhörer. Dies erreichen wir jedoch nicht durch Geschichten aus einer glanzvollen Vergangenheit, sondern durch sorgfältige Beobachtungen aus einer genügsamen Gegenwart.

In der Praxis heißt das, wir sind gut beraten, auf eine Vielzahl von Sätzen, die mit »damals« oder »als ich noch« beginnen, in Zukunft zu verzichten. Sie interessieren niemanden mehr. Das ist zweifellos ein Verlust, der die eigene Lebensgeschichte ausdünnt und das Selbstwertgefühl beschädigt. Gleichwohl – es muss gehandelt werden. An die Stelle solcher Sätze tritt nun die Empfindsamkeit für den Augenblick und ein waches Auge gegenüber den ehedem bedeutungslosen Geschichten am Rande, die

Das Glück der späten Jahre

jetzt ins Zentrum rücken. Aus den Systemtheoretikern meiner Generation werden philosophisch gesehen Phänomenologen.

Recht besehen, kehren wir im Alter zu den Wurzeln unserer abendländischen Kultur zurück und besinnen uns auf die eigentliche Bestimmung des Menschen: ein gemächliches Leben in Muße und Bedächtigkeit zu führen. Freilich ist uns das, was einst zur natürlichen Grundausstattung jedes Einzelnen gehörte, im Lauf des Arbeitslebens erfolgreich ausgetrieben worden. Im Alter heißt es deswegen nachsitzen und studieren, dieses mit dem anspruchsvollen Ziel, alte Gewohnheiten aufzugeben und neue, von denen wir viele bisher abgelehnt haben, anzunehmen und zu leben.

Klaus-Peter Anhalt, ein schmaler, beweglicher Mann mit straffem, kahlem Schädel, der als Richter bei der Justizbehörde in Hamburg ein tadelloses Leben geführt hatte, war kurz nach der Jahrtausendwende in Ruhestand gegangen. Er galt den Untergebenen als autoritärer, unzugänglicher, aber gerechter Vorgesetzter. Seinen drei Kindern war er ein strenger Vater, der unnachsichtig seine Vorstellungen vom richtigen Leben durchzusetzen suchte. Diese beschränkten sich auf drei Themen: Fleiß, Zuverlässigkeit, Karriere. Er war damit – unbewusst, aber uneingeschränkt – ein Sachwalter der protestantischen Ethik. Nach seiner Pensionierung habe ich ihn dann als einen toleranten, manchmal verspielten, liberalen alten Herrn kennengelernt, der zu allerlei Schabernack aufgelegt war und sich diebisch freute, wenn seine Enkel vergeblich versuchten, eine echte Kunstfliege von einem Stück Würfelzucker zu verjagen.

»Mein Vater zog sich mit Beginn des Ruhestands völlig in sich zurück«, erzählte mir seine Tochter, nachdem dieser in den Keller gestiegen war, um eine weitere Flasche

Rotwein zu holen. »Er sprach kaum noch. Irgendetwas beschäftigte ihn. Natürlich fragten wir, was los sei, aber er
gab keine Antwort. Dann verschwand er mehrmals in der
Woche für Stunden in der kleinen öffentlichen Bibliothek,
die bei uns um die Ecke liegt. Wir machten uns natürlich
Sorgen und überlegten sogar, ärztlichen Rat einzuholen.
Aber außer seiner Schweigsamkeit tat er nichts Außer-
gewöhnliches. Die Ruhe, die nun von ihm ausging, war
zudem sehr wohltuend. Früher hatte er sich mit starker
Meinung in alles eingemischt. Das führte häufig zu Kon-
flikten und ließ uns das Schlimmste für die Zeit nach der
Pensionierung befürchten. Aber es kam anders. Nach einem Jahr begann er wieder zu reden, und zum Vorschein
kam ein toleranter, großzügiger, verständnisvoller Mann,
das genaue Gegenteil seines ehemaligen Charakters. Er
hat sich im Jahr des Schweigens, so nennen wir famili-
enintern diese Zeit, vermutlich genau überlegt, welche
Anforderungen im Lebensabend auf ihn zukommen würden, und sich entsprechend neu orientiert.«

»Was hat er denn in der Bibliothek gelesen?«, wollte
ich von ihr wissen.

»Wir haben natürlich irgendwann hinter seinem Rücken nachgefragt: alles, was über Psychologie und Persön-
lichkeitsbildung zu bekommen war. Ich habe das Gefühl,
er hat sich dort neu erfunden.« Sie hielt einen Augenblick
inne. »Ach ja, und seither trinkt er regelmäßig und gelegentlich übermäßig. Aber wenn nicht jetzt, wann dann?«,
schloss sie die Geschichte, während der alte Herr mit einer Flasche in der Hand den Raum betrat.

An dieser Stelle wird es Zeit, über den Rausch nachzudenken, den unerschrockenen Feind der protestantischen Ethik. Der epische Kampf von Kirche, Pädagogen,
Gesetzgebern und Fabrikbesitzern gegen die Trunksucht
ist hinreichend dokumentiert. Er wird seit Jahrhunder-

ten geführt und ging noch stets verloren. Nun, da wir als Rentner bemüht sind, für uns die alte Arbeitsmoral zu entsorgen, können wir uns in Maßen und ohne schlechtes Gewissen dem Alkohol in all seinen Spielarten zuwenden.

Im »Rosenpark« habe ich nach Einbruch der Dunkelheit häufig meine neuen Bekannten mit einer Flasche Wein unter dem Arm besucht. Was immer wir unternommen haben – Fernsehen, Karten spielen, reden, Musik hören –, unser gemeinsamer Freund, der Alkohol, war immer dabei. So manchen Abend haben wir richtig gezecht, verbunden mit unvergesslichen Gesprächen von tiefer Bedeutung, die ein gnädiger Schlaf anschließend aus meiner Erinnerung gelöscht hat.

Das Zusammenwirken von Dunkelheit, gemütlichem Licht und Alkohol ist die beste Voraussetzung für jenes Zerstreuungsmedium, das mit dem Alter fraglos an Bedeutung gewinnt: das Gespräch. Stoff gibt es im Übermaß, vorausgesetzt, man verschafft dem Gespräch genügend Raum. Natürlich gehen uns zahlreiche Themen wie die aktuellen Berufserfahrungen, Kollegen, Karriere, technische Entwicklungen sowie all die körperlich anspruchsvollen Aktivitäten der frühen Jahrgänge verloren. Im Gegenzug kommen neue, wie die Melancholie des Abschieds, das Gleichmaß des Leidens, der Verlust an Intimität und die Gegenmaßnahmen einer Medizin, die täglich komplizierter wird, hinzu.

Einige meiner Gastgeber ließ ich angeheitert zurück, andere erreichten nach wenigen Gläsern jene großartige Gleichgültigkeit, die Ertrag jahrelangen Trinkens ist. Sie nahmen ganz selbstverständlich die segensreiche Wirkung des Alkohols: aufgeräumte Stimmung, Träumen und Vergessen in Anspruch. Man hätte ihnen das Leben verleidet, wenn man ihnen den Alkohol genommen hätte. Er war manchen der engste und zuverlässigste Vertraute geworden und ersetzte die Angehörigen, wenn diese nur gelegentlich den Weg ins Heim fanden.

Die Amerikaner in »Steps to Heaven« wiederum, die sich allesamt auf dem Weg ins Paradies befanden, waren harte, erfahrene Cocktailtrinker. Sie hatten den Alkohol auf unzähligen Einladungen kennengelernt und sich ein erstaunliches Stehvermögen erworben. Die Zutaten klassischer Cocktails wie Orangen- und Grapefruitsaft, Grenadinesirup und Tonicwasser kamen ihnen jedoch nicht mehr ins Glas, ebenso wenig wie das Getränk der Postmoderne, der Wein. Sie tranken zumeist Whiskey – aus großen, vollen Gläsern und auf Eis. Ihr Lieblingsgetränk war jedoch ein sorgfältig zubereiteter Martini, um dessen richtige Zusammensetzung es ständig heftige Diskussionen gab.

»Heute hat Jack Bardienst. Er ist ein netter Kerl, aber von Martinis versteht er rein gar nichts.«

»Da geb ich dir recht, aber was erwartest du von jemandem, der aus Sheboygan, Wisconsin, kommt!«

»Er kann nichts dafür.«

»Aber er könnte sich was sagen lassen.«

»Tut er aber nicht.«

»Weil er aus Sheboygan, Wisconsin, kommt.«

»Und weil er ein verdammter, alter Dickkopf ist.«

Bei einem perfekten Martini, wurde ich aufgeklärt, kommen auf sehr kaltes Eis ein halber Teelöffel Angostura und einige Tropfen Noilly-Prat. Die Zutaten werden geschüttelt, und dann wird alles bis auf die Eiswürfel, auf denen ein leichter Geschmack nach Wermut und Angostura zurückbleibt, wieder abgegossen. »Darüber kommt anschließend der Gin, nochmals leicht schütteln, eingießen, fertig. Es klingt so einfach und ist doch so schwierig«, schloss mein Lehrmeister seine kurze, mit

Das Glück der späten Jahre

großem Ernst vorgetragene Einweisung. »Es heißt«, fuhr er nach einer andächtigen Pause fort, »man soll vor dem ersten Getränk etwas essen. Das ist Unsinn! Gönnen Sie Ihrem Martini einen leeren, aufgeräumten Magen, in dem er sich wohlfühlen und in aller Ruhe seine segensreiche Wirkung entfalten kann. Dann können Sie das Ausmaß Ihrer Trunkenheit selbst kontrollieren, auf jeden Fall besser, als wenn sich Ihr Martini mit Ölsardinen oder Pommes frites herumärgern muss.«

Um siebzehn Uhr öffnete sich jeden Tag die ausladende Bar im weiträumigen Foyer des Heims. Sie schloss, wenn der letzte Gast gegangen war. Viele von ihnen waren folgsame Schüler des verehrten Dr. Johnson. Der Betrieb der Bar lag in den Händen der Bewohner, die Getränke hatten ihren Preis. Der erwirtschaftete Überschuss ging in den Betrieb des Heims und senkte die Kosten. Gut die Hälfte der Heimbewohner versammelte sich am späten Nachmittag um die Bar. Sie tranken, lachten, sangen, flirteten und verabredeten sich für den Abend. So können die späten Jahre auch aussehen.

Die alten Leute mit ihren mächtigen Gläsern waren zwar häufig angeheitert, fielen aber als Ergebnis langen Trainings nie aus dem Rahmen, denn trotz des hohen Alkoholkonsums ihrer Generation war der Rausch eine gesellschaftliche Todsünde gewesen. Sie schwankten ein wenig, mehr nicht. Ihre Zungen gehorchten einer leichten Schwerelosigkeit, aber sie lallten nicht, und auf den Augen lag ein zarter, warmer Schleier, der keinen Streit zuließ. Es war dies eine sehr amerikanische Art, betrunken zu sein, und ein Erbe aus jener Zeit ihrer Geschichte, als ein Mann all seine Sinne beisammen haben musste, um zu überleben.

»Wir trinken zu viel, kein Zweifel! Aber ich bitte Sie – wir sind erwachsen«, erklärte mir ein Gast beim zweiten

Martini. »Hier wird keiner mehr seine Leber ruinieren, dazu ist die Zeit, die uns bleibt, zu kurz. Wenn einer der Mitbewohner droht, die Grenzen zu überschreiten, wird er von anderen freundlich, aber entschlossen auf sein Zimmer gebracht. Das passiert allerdings selten. Bis auf ihn da hinten.« Er wies auf einen groß gewachsenen alten Herrn mit der Glatze eines Mannes, der sein Leben im Freien verbracht hatte. »Bill ist Trinker. Er ist krank. Eigentlich hätten wir ihn nicht aufnehmen dürfen. Aber es ist geschehen, und nun hat er immer jemanden ehrenamtlich an seiner Seite, der ihn beobachtet und ihm hilft. Er weiß und akzeptiert das, und gemeinsam lösen wir die Schwierigkeiten bis zum Ende seiner Tage.«

Je länger wir uns unterhielten, desto mehr wurde ich an meine Mutter erinnert. Die hatte in den zwanziger Jahren einige Zeit in Paris studiert und war dort mit der berüchtigten »grünen Fee« in engeren Kontakt geraten, dem Absinth, der um die Jahrhundertwende den Fortbestand der französischen Nation ebenso bedrohte wie die deutschen Truppen, die wenige Jahre später einmarschierten. »Absinth tötet dich, aber er bringt dich zum Leben«, hieß es damals.

Zurück in Deutschland, wo meine Mutter in Heidelberg ihr Studium fortsetzte, verzichtete sie auf eine Reihe der Pariser Eigenarten, die sie mitgebracht hatte, unter ihnen auch auf den regelmäßigen Absinthgenuss. Die Zeiten in der Heimat waren nicht mehr nach französischer Lebensart. Vier Jahrzehnte trank sie keinen Alkohol, was bezeugt, welch tiefe Spuren die »grüne Fee« in ihrem Leben hinterlassen haben musste.

Nachdem sie ihre Berufskarriere beendet hatte, begann sie zu trinken. Ich weiß nicht, warum. Über dieses Thema habe ich mit ihr nie geredet, aus Furcht, es könnten unangenehme Probleme auf den emotional aufge-

Das Glück der späten Jahre

räumten Tisch kommen. Mit der Zeit entwickelte sie ein fast zärtliches Verhältnis zu ihren Alkoholvorräten. Jede Form des Alkohols spielte eine eigene Rolle in ihrem Tagesablauf. Der Piccolo diente nach dem Aufstehen dazu, ihren Kreislauf anzuregen. Zum Mittagessen gab es Weißwein, der bekanntlich belebt und von alters her zum Essen gehört. Die Verdauung, auf die meine Mutter sich bis auf ihre letzten Tage verlassen konnte, wurde durch ein Kirschwasser unterstützt. Später zum Kaffee kam noch Süßwein hinzu – »das war schon immer so« – und abends eine Flasche Burgunder: »Das hilft mir beim Einschlafen.« Tatsächlich schlief sie zeit ihres Lebens wie ein Murmeltier – mit oder ohne Rotwein.

Dermaßen ausgestattet mit überzeugenden medizinischen und historischen Begründungen für ununterbrochenen Alkoholkonsum, wurde meine Mutter innerhalb kürzester Zeit zur kultivierten Trinkerin. Ich habe sie nie gelöster, zufriedener und glücklicher erlebt. Sie hätte bis an ihr Lebensende trinken sollen, wenn eine Altersepilepsie ihre Trunksucht nicht beendet hätte. Die Entwöhnung zog sich lange hin, denn die alte Dame entwickelte eine bemerkenswerte Fantasie, die Flaschen zu verbergen, und während die Verstecke weniger wurden, erhöhte sie listig das Alkoholvolumen. Ich werde nie den verzweifelten und traurigen Blick vergessen, wenn sie von ihrem Bett aus beobachten musste, wie ich wieder ein Flaschenlager aushob. Damals kam ich mir großartig vor und beglückwünschte meine Mutter zu ihrem wohlgeratenen, verantwortungsvollen Sohn. Heute erscheinen mir meine Triumphe schäbig und selbstgerecht. Denn auch ich habe mir in der Zwischenzeit eine hübsche Sammlung Flaschen angelegt, die im Gegensatz zu Briefmarken oder bildender Kunst einem ständigen Wechsel unterworfen ist. Es scheint, der Alkohol ist in der Lebensmitte vieler älterer Menschen angekommen. Er heitert auf, trägt zu einem positiven Lebensgefühl bei und spendet Trost in oft hoffnungslosen Situationen.

Wie aber steht es um jenes Kraut, das meine Generation einst tüchtig durchgezogen und nur aus Karrieregründen beiseitegelegt hatte?

»Wir müssen dringend etwas unternehmen«, vertraute mir vor nicht allzu langer Zeit ein Freund an, der seine alten Led-Zep-Platten gelegentlich mit einem Wasserpfeifchen garnierte, »ich habe keine Lust, mich am Kotti« – er meinte den Kottbusser Platz in Berlin – »herumzutreiben, misstrauisch beobachtet von Zivilbullen. Neulich hat mir ein Kameltreiber« – mein Freund meinte das alles nicht so – »einen vertrockneten Maggiwürfel als schwarzen Afghanen angedreht.«

»Du bist ja ein toller Experte«, warf ich ein.

»Es ging alles ganz schnell. Zivile, wo du hinschaust. Ich meine, stell dir das vor: Wir feilschen mit Halbwüchsigen um ein paar Gramm Shit und werden noch übers Ohr gehauen!«

Ich musste lachen.

»Lach nur! Wie machst du das denn?«

»Ich flirte mit der ›grünen Fee‹.«

Er schaute mich ratlos an, und ich beließ es bei diesem geheimnisvollen Hinweis.

Bill Mockridge

In alter Frische
Ein grauer Star packt's an

© 2015 by Bastei Lübbe AG, Köln
(S. 57–61, 133–145, 220–230)
Abdruck mit freundlicher Genehmigung

VITAL UND FIT

Am nächsten Morgen frühstückten wir zum letzten Mal zusammen mit Liam. Ich blieb dabei konsequent und aß, wie Dr. Peters mir geraten hatte, ganz langsam und sehr genüsslich nur einen kleinen Becher Joghurt, ein halbes Müsli, ein halbes Brötchen und trank nur eine Tasse Cappuccino. Ich stand nach dem Frühstück auf und war ... satt. Unglaublich. Es kam mir wirklich vor wie ein Zaubertrick!

Liam nahm seinen Koffer und verabschiedete sich von Margie mit der verblüffenden Lockerheit eines Siebzehnjährigen. »Okay, Mum, dann bis die Tage!« Ich schwang meine nagelneue Sporttasche über die Schulter, nahm meine geliebte Frau in den Arm und raunte: »Falls ich bis zum Mittagessen nicht vom Training zurück bin, schick die Spürhunde los.« Dann stieg ich ins Auto und fuhr mit Liam zum Flughafen. Auf dem Weg dorthin fragte er mich, ob ich es mit der Fitness wirklich ernst meinte. »Ich will es jedenfalls versuchen«, sagte ich. »Ich glaub an dich«, sagte Liam. »Ich bin sicher, wenn du ein paar Mal in der Woche in die Muckibude gehst, siehst du schon in drei Monaten aus wie Bruce Willis. Die Frisur stimmt ja schon mal!«

Wir verabschiedeten uns am Abflug mit heftigem Drücken und intensivem Rücken-Klopfen. Unter Jungs gilt die Devise: »Je blauer der Fleck, desto größer die Liebe.«

Das Glück der späten Jahre

Als ich meinen Wagen gegen zwölf Uhr auf dem Park-platz vor dem Studio abstellte, war ich richtig gut drauf. »Ein bisschen Fitness, und die alte Frische kehrt zurück!«, dachte ich. Ich spürte neues Leben in den Gliedern. Pure Energie pulsierte durch meine Adern. Ich riss die Tür auf und stieg die Treppe hoch. Doch als ich die 39 Stufen zu Pauls Fitnessstudio »Vital und Fit« endlich hinter mir hat-te, konnte ich es nicht fassen, wie wenig vital ich war. Ganz zu schweigen von fit. Mein Gott, ich war ja jetzt schon fix und fertig – dabei musste ich nur in den ersten Stock!

Oben angekommen, erwartete mich ein völlig ande-res Bild als in Jennys durchgestyltem Chromtempel. Hier sah es richtig gemütlich aus! Ein kleines Bistro, ein Raum für gemeinsame Kurse, ein Trainingsraum für Jungs, ei-ner für Mädels, eine Dachterrasse, eine Sauna... und na-türlich saß an der Theke bei einer Tasse Cappuccino mein neuer Freund Paul.

»Hallo Bill! Komm, setz dich erst mal, alter Mann. Die Treppen killen am Anfang jeden – das legt sich.« Dankbar stellte ich meine Sporttasche ab und ließ mich auf den Barhocker neben ihn sinken.

Eine gut gelaunte, attraktive Mittvierzigerin kam zu uns herüber. Paul stellte mich vor. »Bill, das ist Mel. Mel, das ist Bill. Er möchte unser Studio kennenlernen, und ich hab ihn für heute angemeldet.« – »Herzlich willkommen, Bill«, sagte Mel und gab mir die Hand, »ich glaube, du musst dringend erst mal was trinken.« Sie strahlte mich an und gab mir unaufgefordert ein Glas Wasser. Paul prostete mir lächelnd zu.

»Mel macht hier die ganze Organisation und den Emp-fang und ist grundsätzlich für gute Laune zuständig.«

Mel schaute gerade in den Terminkalender und ver-kündete ehrfürchtig: »Oh ja, ich sehe hier, Andi ist heute dein Trainer. Gratuliere. Er wird dich gleich abholen und durchs Studio führen.« Paul schlug mir auf die Schulter, erstaunlich kräftig für einen 84-Jährigen.

»Andi – gleich am ersten Tag! Na, dann viel Spaß«, grinste er und ging wieder in den Fitnessraum. Ich blieb sitzen und schaute mich um, während ich auf Trainer Andi wartete. Paul und ich waren hier wirklich nicht in der Minderzahl! Nach und nach trödelten die Mitglieder ein, meldeten sich bei Mel, bekamen von ihr zuerst einen witzigen Spruch, dann einen Schlüssel für den Spind und verschwanden in der Umkleide. Es waren durch die Bank Leute, die die Fünfzig, Sechzig oder Siebzig hinter sich hatten. Sie machten alle einen fröhlichen, entspannten Eindruck und wirkten überhaupt nicht wie geprügelte Hunde, die gegen ihren Willen jeden Tag eine harte Trainingseinheit absolvieren mussten. Konnte es sein, dass das hier sogar Spaß machte?

Andi, der Cheftrainer, kam auf mich zu. »Morgen Bill, wie sieht's aus? Alles fit?« Er war Ende vierzig und sah nicht aus wie das Klischee eines hirnlosen »Muskelpakets«, geschweige denn wie ein androider Mehmet, sondern eher wie ein sympathischer Sportlehrer, der einfach Freude an der Arbeit hat. Er setzte sich zu mir und fragte, was meine Ziele waren und wie schnell ich sie erreichen wollte. Ich erklärte ihm mein Vorhaben. »Andi, ich habe eine Wette mit mir selber am Laufen. Ich will beweisen, dass ich mit Ende sechzig immer noch imstande bin, mein Leben umzukrempeln... Ich habe mir zwölf Monate Zeit gegeben, das zu beweisen, und möchte heute mit dem Fitnesstraining anfangen. Ich möchte in einem Jahr fitter, aktiver und schlanker sein, und vor allem will ich eure verdammte Treppe ohne Keuchen und Husten erklimmen können.«

Andi nickte. »Tja«, sagte er cool, »dann sollten wir mal anfangen.« Er führte mich an diesem Tag an jedes Gerät

Das Glück der späten Jahre

und erklärte mir genau, was ich zu tun hatte, und vor allem, wie ich die Übung ausführen sollte. »Das Beste, was du für dich tun kannst, ist, deinen Körper täglich zu fordern«, sagte er.

»Siebzig Prozent des körperlichen Verfalls im Alter haben nichts mit dem Alter zu tun, sondern stehen im unmittelbaren Zusammenhang mit deiner Lebensführung. Herzinfarkte, Hirnschläge, Thrombosen, viele Krebsarten, Diabetes, Stürze, Knochenbrüche, ernsthafte Verletzungen und noch sehr viele andere Krankheiten werden durch unseren Lebensstil begünstigt oder sogar verursacht. Wir stehen uns selbst im Weg. Allein durch regelmäßigen Sport und eine umgestellte Ernährung kann man fünfzig Prozent der ›frühzeitigen‹ Todesursachen vollkommen eliminieren. Nicht reduzieren, Bill, eliminieren.«

Ich war beeindruckt. Der Mann wusste offensichtlich, wovon er sprach. »Wieso macht das dann nicht jeder?«, fragte ich. »Gute Frage. Weil wir bequem sind, und weil wir uns daran gewöhnt haben. Wir nehmen unsere altersbedingten Probleme als gottgegeben hin. Wir glauben, das ist der Lauf der Welt. Man kann nichts dagegen machen. Laut Statistik sagen über fünfzig Prozent der Deutschen: ›Alt ist man, wenn man in Rente geht.‹ Da geht es auf das Ende zu. Als Rentner baut man ab, erst körperlich und dann geistig, man wird schwach, instabil, kränklich, desorientiert und zieht sich aus dem aktiven Leben zurück, vegetiert dahin und stirbt dann am Ende an einer von vielen Krankheiten.«

Ich musste schlucken. So krass hatte ich das bisher nicht gesehen. »Aber das ist doch Blödsinn«, widersprach ich.

»Guck dir bloß mal den Paul an!« Andi nickte. »Natürlich ist es Blödsinn. Das ist eine vollkommen altmodische und ›tödliche‹ Vision, die viele Menschen vom Alter haben. Man wird älter und man baut ab, das stimmt. Aber zu welchem Zeitpunkt der Verfall beginnt und wie stark er uns überfällt, hat mit unserem täglichen Leben zu tun. Ob wir alt werden wollen, ist heute nicht mehr die Frage. Wir werden alle alt und werden viel länger leben als früher, das ist eine Tatsache. Also geht es nur darum, wie wir das letzte Drittel unseres Lebens erleben wollen. Übergewichtig, träge, schwach und desorientiert? Oder fit, schlank und geistig aktiv? Was aus uns wird, liegt in unserer Macht, Bill. Und das tägliche Fitnesstraining ist der Schlüssel zum Erfolg.«

Ich nickte, restlos überzeugt. »Gut, dass die Wissenschaft endlich auf diesen Trichter gekommen ist«, sagte ich. Aber Andi lachte. »Endlich? Das ist eine uralte Binsenweisheit! Seit Millionen von Jahren sind wir Primaten gewohnt, von morgens bis abends auf den Beinen zu sein, um unser Überleben zu sichern. Fressen oder gefressen werden. Nur wer am stärksten war und am schnellsten laufen konnte, hatte die Chance zu überleben. Wir sind die Nachkommen dieser Jäger, und wir haben von unseren Urahnen einen unglaublichen biologischen Schatz geerbt. Wir sind programmiert, wach und aktiv zu sein, zu jagen, zu entdecken, zusammenzuarbeiten, zu bauen, zu lachen, zu lieben und zu leben! Das klappt aber nur, wenn wir fit sind. Also, Bill – es liegt bei dir.«

Mein Probetraining wurde ein voller Erfolg. Wie mein Plan aussah und was ich genau machen sollte, erzähle ich Ihnen in einem späteren Kapitel. Ich war jedenfalls glücklich. Ich fiel von keinem einzigen Gerät, lernte eine Menge netter Leute kennen und besiegte tatsächlich meinen inneren Schweinehund, den ich vor Jahren auf den Namen Oblomow getauft hatte. Vielleicht kennen Sie den Roman von Iwan Gontscharow? Da geht es um einen stinkfaulen, lethargischen Adeligen, der sein ganzes

Leben durch Nichtstun vergeudet und schließlich nach einem verschlafenen, trägen und traurigen Leben an einem Schlaganfall stirbt. Ich finde, das ist ein super Name für den Kerl in mir, der mir ständig dazwischenredet.

In den letzten Tagen war Oblomow wieder sehr aktiv gewesen. »Wenn du alter Sack von heute auf morgen mit Sport anfängst, kriegst du einen Herzinfarkt!« – »Der Körper ist auf Abbau und nicht Aufbau eingestellt!« – »Wie sieht das aus, wenn ein dicker alter Kerl im Trainingsdress auf das Laufband steigt?« – »Nimm dein Schicksal hin wie ein Mann, du kannst es ja eh nicht ändern!«

Aber zwei Stunden in der Gesellschaft dieser gut gelaunten »Rentnergang« und Andis profundes Wissen hatten mich vom Gegenteil überzeugt. Hier war ich richtig! Müde und abgekämpft, aber glücklich ging ich die 39 Stufen wieder nach unten. Ich stieg in mein Auto und fuhr nach Hause, in der Gewissheit, als Höhlenmensch einen Tag überlebt zu haben.

(...)

Der Griff nach dem Strohhalm

Es war November geworden. Meine Wette mit mir selbst lief schon seit drei Monaten – und so langsam spürte ich die ersten Veränderungen. Mein Ausdauertraining in Verbindung mit der vernünftigen Ernährung hatte dafür gesorgt, dass ich die Stufen zum Eingang von »Vital und Fit« mittlerweile bewältigen konnte, ohne Mel gleich nach einer Sauerstoffmaske fragen zu müssen. Ein bisschen außer Atem war ich allerdings immer noch – da war, im wahrsten Sinn des Wortes, noch Luft nach oben.

Mein Trainer Andi war auch nicht unzufrieden mit mir.

»Super, Bill – das Cardioprogramm hat schon angeschlagen. Zieh das auf jeden Fall weiter durch! Das ist nach wie vor der Schlüssel zu einem längeren Leben. Wenn es einen Jungbrunnen gibt, dann müsste er ›Ausdauer‹ heißen. Dein Cardiotraining stärkt Lunge, Herz und Kreislauf und sichert dir mehr Zeit auf dieser Erde.«

Wow. Das hörte sich gut an – für meinen Geschmack allerdings auch ein bisschen zu einfach. »Aber...?«, fragte ich ein wenig misstrauisch. »Kein Aber!«, lachte Andi. »Sondern ein dickes UND! Jetzt wird es Zeit für dein Krafttraining.« Aha. Ich war ein bisschen skeptisch. Schließlich war mir der Androide Mehmet mit seinen absurden Muskelbergen immer noch in lebhafter Erinnerung. Was würde Margie sagen, wenn ich vor lauter Schultern bald nicht mehr durch unsere Tür passte? Andi lachte, als er mein Gesicht sah. »Keine Angst, aus dir wird kein Mr Universum! Wir wollen in erster Linie verhindern, dass deine Muskelmasse immer geringer wird. Und dafür müssen wir welche aufbauen!«

Ich sah ihn verdutzt an. Was sollte das denn heißen? Mein Bauch war zwar in den letzten Jahren mehr geworden – aber hieß das im Umkehrschluss, dass die Muskeln weniger wurden? Ernährte sich mein Bauch von meinen Muckis?

Während Andi mir die einzelnen Geräte zeigte, erklärte er mir, wie er das meinte. »Es ist so, Bill: Jeder Mensch verliert im Alter Muskelmasse. Das fängt schon ab dreißig an. Pro Lebensjahrzehnt verlierst du um die drei Prozent Muskelmasse. Und ab sechzig sind es bis zu zehn Prozent in zehn Jahren.« Ich war verblüfft. »Echt? Und was passiert damit?« Andi grinste und zeigte auf meinen Bauch. »Die Muskelmasse wird durch Fettgewebe ersetzt. Aber weißt du, was das Gute ist? Du kannst den Abbau jederzeit stoppen und die Entwicklung umkehren! Durch regelmäßiges Krafttraining baust du neue Muskelmasse auf – und je mehr Muskelmasse du hast, desto mehr Körperfett verbrennst du. Und zwar ständig. Sogar im Schlaf!«

Die Vorstellung gefiel mir. Schlank im Schlaf – und dafür musste ich bloß ein paar Gewichtchen stemmen. »Wenn's weiter nichts ist«, dachte ich und begann mit dem Training der Bauch- und Rückenmuskulatur. Aua… die hatte ich anscheinend schon echt lange nicht mehr gespürt! Aber ich wollte mir vor Andi keine Blöße geben. »Hau noch ein paar Kilo drauf«, schnaufte ich. »Das pack ich!«

»Das wär 'ne ganz schlechte Idee«, meinte Andi. »Beim Krafttraining ist es besser, mit weniger Gewicht anzufangen und langsam zu steigern. Das ist eine Faustregel: Immer die Wiederholungszahl vor dem Gewicht erhöhen! Wenn du regelmäßig trainierst, steigt die Leistungsfähigkeit automatisch proportional an. Dann kannst du langsam steigern.« Das konnte ich mir im Moment noch nicht so vorstellen ...

»Wir machen also gar kein Bodybuilding?«, japste ich. Andi schüttelte den Kopf. »Das ist altmodisch. Und nur was für junge Kerle, denen es aufs Aussehen ankommt. Du trainierst zweimal die Woche mit leichten bis mittelschweren Gewichten, und schon kannst du nachhaltig Knochenschwund stoppen, Muskelmasse wieder aufbauen und die Gelenke freier, elastischer und geschmeidiger machen. Merk dir einen Satz: Dein Cardiotraining lässt dich länger leben, aber das Training mit Gewichten gibt dir mehr Lebensqualität!«

»Und wie lange mach ich das hier?«, fragte ich Andi.

»Grundsätzlich solltest du immer bei vierzig bis sechzig Prozent deiner maximalen Leistungsfähigkeit liegen«, sagte er.

»Das entspricht einem Training mit circa fünfzehn bis zwanzig Wiederholungen in einer Runde. Pro Gerät solltest du mindestens drei Runden absolvieren. Und zwischendurch machst du eine Minute Pause. In insgesamt einer halben Stunde solltest du dann fürs Erste durch sein.«

Es wurde eine lange halbe Stunde.

Roger, der Arzt im Ruhestand, sah meinen leicht verkniffenen Gesichtsausdruck und gesellte sich zu mir. »Dranbleiben, Bill – du tust deinem Körper was Gutes!«

Ich sah ihn mit einem gequälten Lächeln an. »Echt? Ich hab eher das Gefühl, mir den Rücken zu brechen.« Roger lachte.

Das Glück der späten Jahre

»Nee, Junge! Im Gegenteil! Du fängst gerade an, deine Stützmuskulatur aufzubauen. Damit entlastest und stabilisierst du die Knochen und Gelenke. Außerdem kannst du einer ganzen Menge von altersbedingten Krankheiten vorbeugen.«

Das hörte sich interessant an – wieder ein Weg mehr, die Zeiger der Uhr zurückzudrehen! »Pass auf, Roger – lass mich hier mal kurz in Ruhe zusammenbrechen. Und wenn ich nach dem ersten Training dann wider Erwarten noch lebe, lad ich dich zu einem Eiweißdrink ein. Und du erzählst mir noch mal genau, wieso ich mich hier quäle!« Roger war einverstanden, gab mir einen aufmunternden Klaps und begann mit seinem Hanteltraining.

Nach der Trainingseinheit saß ich ziemlich groggy mit Roger an Mels Theke und hatte einen Proteinshake vor mir stehen, der gar nicht so übel war und nach Schoko schmeckte.

»So, jetzt leg mal los, Roger – von was für Krankheiten hast du gesprochen?«

»Osteoporose, Arteriosklerose, Bluthochdruck, Arthrose... such dir was aus!«, sagte Roger. »Das sind alles Krankheiten, die hauptsächlich im fortgeschrittenen Alter auftreten. Und stell dir vor – gegen alle kann man mit ausreichender Bewegung was tun. Nehmen wir erst mal die Arthrose. Die Gelenke verändern sich im Lauf der Jahre durch die ständige Belastung. Stell dir vor, das hier ist dein Kniegelenk.«

Er nahm den Strohhalm aus seinem Drink und bewegte ihn an diesem geriffelten Knickdingsbums hin und her. »Mit den Jahren wird die schützende Knorpelschicht um das Gelenk herum immer dünner. Sie ist auch nicht mehr so elastisch wie früher – das heißt, die Beweglichkeit des Gelenks nimmt ab. Und das kann zu Schmerzen führen.« Ich verzog mitfühlend das Gesicht, als er das arme Strohhalm-Gelenk jetzt mühsamer und mit einem knirschenden Geräusch auf und ab bewegte, während ein paar Tropfen Schokoshake auf die Theke fielen.

»Das geht schleichend los, und irgendwann ist es dann so weit. Du merkst, wie die Gelenke aneinanderreiben, manche Bänder leiern aus und andere verkürzen sich auf einmal, Kapseln nutzen sich ab, Sehnen werden hart und brüchig, und die Gelenkschmiere trocknet aus. Körperliche Bewegungen tun auf einmal weh.«

Ich nickte. »Hab ich alles schon erlebt – bei meinen Freunden und mir selbst. Es ist plötzlich tierisch anstrengend, einem Bus hinterherzulaufen. Schwimmen, Skilaufen, Tennisspielen oder eine ausgedehnte Liebesnacht sind alles Dinge, die man sich vorher gut überlegt.« Roger wusste genau, wovon ich sprach. »Die Leute fangen an, auf Treppenlaufen, Fußballspielen oder eine schöne Bergwanderung zu verzichten. Radtouren werden seltener. Immer hat man eine Ausrede parat ...« – »Kenn ich«, sagte ich. »›Ich muss noch viel arbeiten‹ oder ›Ich hab heute einfach keine Zeit‹ oder ›Ich habe mir irgendwie den Rücken verknackst‹.«

»Und das ist dann auch irgendwann keine Ausrede mehr, sondern Realität«, sagte Roger. »Das Nichtstun hat Konsequenzen. Der Körper baut ab, und die Gelenke werden steif. Es knackt und knirscht überall und hörbar am Körper. Und das tut auch noch tierisch weh – und wird zu einer ausgewachsenen rheumatischen Erkrankung.«

Er nahm sich wieder den armen Strohhalm vor, um seine Erklärungen zu verdeutlichen.

»Die Abnutzung des Gelenkknorpels nennt man ab einem gewissen Stadium Arthrose. Das passiert häufig mit dem Kniegelenk, der Hüfte und den Fingern.« Ich nickte und erzählte Roger von Karl-Friedrichs Problemen, sein Hemd zuzuknöpfen. »Eine Arthrose verschärft das Problem des nachlassenden Tastsinns natürlich«, sagte Roger. »Und andersherum kann eine Arthrose so schmerzhaft sein, dass man die Gelenke schont und möglichst wenig benutzt – und dadurch lässt der Tastsinn dann auch stärker nach.«

»Aber was kann man denn gegen Arthrose tun?«, fragte ich ihn. »Ich meine, bevor der Strohhalm ganz kaputt ist?« Roger legte den Halm beiseite. »Tja, das ist ein Problem«, sagte er. »Kommt drauf an, wie weit fortgeschritten sie ist. Einmal verschwundenes Knorpelgewebe kann vom Körper nicht mehr ersetzt werden. Die Folge ist, dass sich die Knochen an die veränderte Situation anpassen und sich im Gelenkbereich umbilden. Und das bedeutet noch mehr Schmerzen, Schwellungen und Bewegungsprobleme – bei Hüftarthrose kann so dann irgendwann ein künstliches Hüftgelenk fällig werden.«

»Und dagegen kann man echt nichts machen?«, fragte ich.

»Doch, klar! Kommt drauf an, wie frühzeitig man die Krankheit erkennt. Krankengymnastik ist gut, Wärmebehandlung, außerdem können Medikamente Schmerzen lindern und Entzündungen hemmen. Aber dafür musst du erst mal 'nen Termin kriegen. Es gibt orthopädische Praxen an jeder Ecke, aber die Wartezimmer sind knallvoll! Und meistens haben die Ärzte keine Zeit für langwierige Behandlungen und kurieren nur noch schnell die Symptome. Ein halbes Jahr später aber sind die Schmerzen wieder da, und in vielen Fällen noch stärker als vorher.«

»Mann, ist das frustrierend«, seufzte ich. Aber Roger schüttelte den Kopf. »Der Punkt ist, es nicht so weit kommen zu lassen. Vorbeugen, Bill! Deshalb bist du ja hier!«

Ich nahm ratlos den Strohhalm zur Hand und bog das Gelenk hin und her. »Also, bei den Muskeln versteh ich das ja. Die werden trainiert und aufgebaut und entlasten dann die Gelenke. Aber das mit den Knorpeln ist doch Verschleiß – wie bei meinen abgefahrenen Winterreifen! Sollte ich die Gelenke dann nicht lieber schonen?«

Roger schüttelte den Kopf. »Nee, Bill. Im Gegenteil! Das Wort ›Gelenkverschleiß‹ ist irreführend. Die Praxis hat nämlich gezeigt, dass Leute, die körperlich wenig tun, häufiger Arthrose kriegen als Menschen, die sich aktiv und viel bewegen. Das gilt übrigens auch für die Knochen.«

Er fasste den Strohhalm jetzt in der Mitte an. »Der Kalziumgehalt nimmt mit den Jahren ab, die Knochen werden dadurch instabiler, brüchiger und weniger belastbar. Im schlimmsten Fall führt das zu Osteoporose. Wenn alte Leute stürzen, bricht dabei häufig der Schenkelhalsknochen.«

Knack! Der Strohhalm knickte mit einem hässlichen Geräusch in der Mitte durch. Ich verzog das Gesicht.

»Wenn das Ganze die Knochen der Wirbelsäule betrifft, hast du zusammen mit der Abnutzung der Bandscheiben Probleme mit Rückenschmerzen. Manche Wirbel drücken dann auch aufs Rückenmark, und du leidest unter Kribbeln, Schmerzen beim Gehen oder sogar Lähmungen.«

Auf einmal kam ich mir wieder ziemlich alt vor – wahrscheinlich, weil mir meine Rückenmuskeln gerade deutlich gezeigt hatten, wie wenig ich sie benutzte.

»Und du glaubst wirklich, mit meinem Krafttraining kann ich das alles aufhalten?« Roger strich den Strohhalm wieder gerade und nickte aufmunternd. »Auf jeden Fall!«, sagte er überzeugt. »Du musst dich regelmäßig bewegen, deinen Körper fordern – aber nicht überfordern. Und dich ausgewogen ernähren. Damit hast du die besten Chancen, in fünfzehn Jahren so rumzulaufen wie un-

Das Glück der späten Jahre

ser Paul!« Er winkte zu Paul herüber, der gerade zur Theke geschlendert kam und Mel zuzwinkerte.

Ich winkte ebenfalls. So wie Paul wollte ich definitiv auch sein, wenn ich mal so alt war. »Alles klar, Roger«, sagte ich.

»Ich bin dabei. Wenn ich morgen vor lauter Muskelkater noch aufstehen kann.« Roger grinste. »Auch da kann man vorbeugen«, sagte er. »Komm mal nach dem Duschen mit in die Sauna – das wird dir guttun!«

Ich nickte etwas zögerlich. In die Sauna – mit lauter alten Leuten? Damit hätte man mich früher jagen können. Andererseits war ich selbst mit 67 nicht mehr ganz der junge Johnny Weissmüller, der ich mal gewesen bin. »Pfeif drauf«, dachte ich und machte mich auf den Weg zur Dusche, »wieso eigentlich nicht?«

Bill Mockridge

ALLES AUS EINEM (AUF-)GUSS

Als Roger und ich die Sauna betraten, saßen schon drei andere auf den Bänken – damit war der Raum dann auch voll. Das Thermometer zeigte sportliche achtzig Grad, und der Schweiß floss in Strömen.

Die Atmosphäre war wesentlich intimer als in einer der großen Saunawelten, aber nicht weniger entspannt. Ich wurde freundlich begrüßt und offen angeschaut. Alles klar ... Gucken war hier nicht verboten, und die Leute hatten kein Problem mit der räumlichen Nähe. Ich war anfangs ein bisschen irritiert, mit Leuten zusammenzusitzen, die alle die Sechzig schon hinter sich hatten und entsprechend wenig Ähnlichkeit mit den knackigen Jungs und Mädels in den Wellness-Broschüren aufwiesen. Doch dann sah ich an mir selbst herunter und musste zugeben, dass ich hier hervorragend hereinpasste.

Tatsächlich waren, auf den vorsichtigen zweiten Blick, meine Mitschwitzer körperlich deutlich attraktiver und besser in Schuss, als ich gedacht hätte. Eigentlich kein Wunder. Alle hier bewegten sich regelmäßig und intensiv. Sie trainierten, tanzten, joggten, fuhren Ski, spielten Tennis oder machten Gymnastik. Das drückte sich in einem körperlichen Selbstbewusstsein aus, das mir gut gefiel.

Uns gegenüber saß Elke, eine fröhliche und aktive Rothaarige mit milchweißer Haut, etwas barockem Körperbau und einer natürlichen Unbefangenheit. Sie unterhielt sich leise mit der sehnigen, braun gebrannten Monika. Beide waren sicher schon siebzig. Einen größeren Kontrast als den zwischen diesen beiden Frauen kann

Das Glück der späten Jahre

man sich nicht vorstellen – und doch wirkten beide auf ihre Art sinnlich und gut aussehend.

Peter, ein durchtrainierter ehemaliger Vier-Sterne-General von Ende sechzig, rekelte sich breitbeinig auf der Eckbank und präsentierte sein Drei-Sterne-Geschütz. Selbstverständlich ohne Tarnbehaarung. In den nächsten Wochen würde ich feststellen, dass das für den Großteil der bei uns Trainierenden zutraf – ungehemmter Wildwuchs ist auch in der Generation 60plus ziemlich out. Aber das ist und bleibt natürlich Geschmackssache.

Ich persönlich finde Körper, egal ob dick oder dünn, sowieso nur dann unästhetisch, wenn sie schlaff und ungepflegt aussehen. Wichtig ist doch, dass der Mensch sich körperlich nicht gehen lässt. Denn was die Maßstäbe und die Definition von Schönheit von Körpern angeht, ändert sich die Wahrnehmung definitiv im Laufe der Zeit. Als junger Mann wäre ich nie auf die Idee gekommen, mit einer Frau um die fünfzig ins Bett zu gehen. Jetzt ist Margie 56 und immer noch meine Traumfrau. Und ich kann von Glück reden, dass sie auf diesen 67-jährigen Kerl steht!

Roger riss mich aus meinen Gedanken. »Alles gut, Bill? Verträgst du die Temperatur?« Ich grinste. »Hey, ich bin Kanadier. Wir Holzfäller sind so was wie die Finnen von Nordamerika. Alles super – schwitzen ist mein Ding. Keine Ahnung, woran das liegt, aber danach fühl ich mich immer sauber, frisch und total entschlackt.«

Roger nickte. »Kein Wunder«, sagte er. »Als Mediziner kann ich dir sagen, dass du deinen Körper tatsächlich von innen reinigst. Ist ein faszinierender Prozess!«

Ich machte mein mentales Notizbuch startklar – hier gab es wieder was zu lernen! »Schieß los«, bat ich.

»Also, pro Minute in der Sauna verlierst du zwanzig bis dreißig Gramm Schweiß. Das ist nach einer Viertelstunde immerhin fast ein halber Liter!«

»Den pfeif ich mir dann ja auch doppelt und dreifach mit Wasser und Apfelschorle wieder rein«, sagte ich.

»Das ist auch gut so!«, meinte Roger. »Es sollten auf jeden Fall auch ein paar Mineralien dabei sein, weil du beim Saunagang ordentlich Salz verlierst. Und geh nie durstig in die Sauna! Du bist ja kein Jockey, der sich schnell ein paar Kilos wegschwitzen will!« Jetzt mischte sich auch General Peter ein. »Die Hauptsache ist doch, dass der Kreislauf in Schwung kommt, Jungs!« Roger nickte. »Klar – das passiert natürlich auch. Durch die Hitze erweitern sich die Blutgefäße, und die doppelte Blutmenge kann durchgepumpt werden. Die Atemfrequenz erhöht sich, das Blut wird mit Sauerstoff angereichert – deshalb ist die Dachterrasse in den Saunapausen eine gute Idee. Und die Herzfrequenz steigt um ungefähr fünfzig Prozent an.«

»Und was ist mit den Abwehrkräften?«, wollte Elke wissen. »Ich geh jede Woche in die Sauna und kriege echt keine Erkältung mehr!« Auch das konnte Roger erklären.

»Beim Saunieren steigt die Temperatur im Körperinneren um ein bis zwei Grad an. Das hat so einen ähnlichen Effekt wie Fieber: Dein Körper reagiert darauf mit der Aktivierung der Abwehrzellen. Außerdem wird die Durchblutung der Schleimhäute erhöht, Sekrete fließen besser, das Fassungsvermögen der Lunge wird höher, weil die Sauna eine muskelentspannende Wirkung hat – alles zusammen ist natürlich super für die Bronchien!«

In der Ruhepause genossen wir alle die frische Luft auf der Dachterrasse und gönnten unserer Lunge, unserer Haut und unserem Kreislauf noch zwei weitere Saunagänge. Inzwischen hatten sich auch Gespräche über ganz andere Themen entwickelt. Meinen Mitschwitzern waren meine eigenen Zweifel und Startprobleme auf dem Weg zu meinem neuen Ich nämlich alles andere als fremd.

Das Glück der späten Jahre

»Ich weiß genau, was du mit dieser Suche nach der ›alten Frische‹ meinst, Bill«, sagte Monika. »Dieses Wahnsinnsgefühl, am Anfang des Lebens zu stehen. Alles ist neu, und nichts ist unmöglich. Du hast den Wind im Rücken und fliegst durchs Leben, und alles klappt auf Anhieb.«

Sie bekam einen verträumten Gesichtsausdruck. Ich nickte ihr ermutigend zu. Ich wusste, in welchem Land sie sich gedanklich gerade befand. Elke offenbar auch. »Mann, hab ich mit Mitte zwanzig auf die Kacke gehauen«, grinste sie. »Love, Peace and Understanding! Ihr hättet meine WG sehen müssen – da gab's mehr Verkehr als auf dem Kamener Kreuz!« Alle lachten, doch Monika wurde schnell wieder ernst.

»Aber dann, irgendwann im Leben, ohne dass du es merkst, verlierst du diese große Leichtigkeit des Seins. Der Wind dreht sich, und die Wellen klatschen dir ins Gesicht, und du hast das Gefühl, gegen alles ankämpfen zu müssen. Irgendwann verlierst du die Kraft und fängst langsam an aufzugeben.«

Genau so hatte ich das auch empfunden. »Ich hab eine Untersuchung darüber gelesen«, sagte ich. »Laut Statistik sind Frauen mit 47 und Männer mit 49 am unglücklichsten und empfinden ihr Leben als Last. Das war bei mir auch so. Genau an diesem kritischen Punkt im Leben war ich ganz oft depressiv und mutlos. Und aus dieser depressiven Stimmung heraus hab ich angefangen, meinen Körper zu vernachlässigen. Ich bin unsicher geworden und hab mir nicht mehr viel zugetraut. Mann, war ich froh, dass ich Margie hatte. Die war damals Ende dreißig und hat mir ganz schön in den Arsch getreten!«

»Tja, und jetzt bist du hier«, stellte Peter trocken fest. Ich nickte. »Ja, jetzt bin ich hier. Und ich glaube, jetzt brauchen wir alle dringend ein Bier – für die ›Mineralien‹!«

Heidelberg und der Rest der Welt

In der wunderschönen Stadt Heidelberg gibt es ein Kulturzentrum in einem alten ehemaligen Bahnhof. Außerdem ein tolles, seit 250 Jahren ziemlich kaputtes Schloss oben auf dem Berg, eine schöne alte Brücke über den Neckar und fast 50 000 Studenten – bei 150 000 Einwohnern!

Und nicht zuletzt das »Netzwerk Alternsforschung«. An der Heidelberger Uni haben sich Wissenschaftler aus den verschiedensten Bereichen zusammengeschlossen, um das Altern zu erforschen: Mediziner, Biologen, Verhaltensforscher, Geisteswissenschaftler und Sozialwissenschaftler.

Einer von ihnen ist Professor Kruse, ein auf Alternsforschung spezialisierter Psychologe. Ich habe ihn zum ersten Mal auf dem Seniorentag 2012 in Hamburg erlebt. Professor Kruse hielt um acht Uhr in der Früh eine Art Messe: »Bach, Gott und eine göttliche Struktur«. Er spielte fantastisch Klavier und stellte in seinen Moderationen immer wieder Zusammenhänge zwischen Musik, Kreativität und Spiritualität her.

Ich war damals total begeistert und sprach ihn an. Seitdem haben wir uns ein paar Mal getroffen. Wir beide lieben das Buch von Prof. Dr. Ernst Pöppel *Je älter desto bes-*

ser und haben uns stundenlang darüber unterhalten. Ein großartiger Typ, dieser Kruse!

Ich lud ihn also in Heidelberg zur Vorstellung ein, und danach gingen wir gemeinsam in ein kleines Weinlokal. Ich erzählte ihm begeistert von meinen Erlebnissen im Rentnerparadies Florida. »Saul und Amy waren echt super drauf«, meinte ich. »Ich glaube, was die positive Einstellung zum Alter angeht, können wir eine Menge von den Amerikanern lernen.«

Professor Kruse stimmte mir zu. »In der Tat. In den Vereinigten Staaten geht man substanziell anders mit dem Alter um«, sagte er. »Das Alter wird in der Gesellschaft hauptsächlich als positiv wahrgenommen. Die Ansicht ›Alter gleich Gebrechlichkeit und Krankheit‹ gibt es dort fast gar nicht.«

Das hatte ich auch so erlebt – im Alltag und in den Medien wurden die Senioren in Amerika als selbstbewusste, aktive und starke Gruppe gesehen. »Stimmt genau, Herr Mockridge«, sagte Professor Kruse. »Senioren in den USA engagieren sich stark für die Gemeinschaft. Entweder nach wie vor im Berufsleben. Oder, wenn sie es sich finanziell leisten können, in sozialen Bereichen, als unbezahlte Trainer einer Jugendmannschaft, als Wahlhelfer und so weiter. Dadurch sind sie überall präsent und arbeiten selbst an dem positiven Altersbild innerhalb der Gesellschaft mit.«

Der Professor erzählte von einer groß angelegten Studie, die er im Jahr 2009 auf die Beine gestellt hatte. Dabei ging es darum, wie das Alter in der Gesellschaft wahrgenommen wird – und zwar in so unterschiedlichen Kulturen wie Japan, Brasilien, Frankreich, Großbritannien, Norwegen, den USA und Kanada.

»Wir haben uns bei der Untersuchung gefragt, wie das Alter in anderen Ländern gesehen wird«, sagte Professor Kruse.

»Welche Stärken und Schwächen werden dem Alter zugeordnet? Und wie zeigt sich die Gesellschaft verantwortlich für die Alten? Unser Ziel war, dass sich die Menschen, die unsere Ergebnisse lesen, aktiv mit dem Alter auseinandersetzen und sich im Spiegel anderer Kulturen Gedanken machen, wie das im eigenen Land ist.«

»Okay«, sagte ich, »das klingt spannend! Haben Sie ein paar Beispiele? Wie ist es denn in ... sagen wir mal ...« Wie Sie sich denken können, wollte der alte kanadische Holzfäller in mir natürlich als Erstes wissen, wie es in dieser Beziehung mit meinem Geburtsland bestellt ist.

»Also, die Kanadier sind ziemlich weit vorn, was den Umgang mit dem Alter angeht«, sagte Professor Kruse zu meiner großen Freude. »Kanada gehört zu den Ländern mit dem höchsten Lebensstandard der Welt. Im Gegensatz zu den USA gibt es ein sehr gut ausgebautes Sozialversicherungsnetz einschließlich Altersrente, Familienbeihilfe, Arbeitslosenversicherung und Sozialhilfe. Drei Viertel des Einkommens alter Menschen stammt aus dem öffentlichen Rentensystem und der privaten Rentenvorsorge«, erklärte er.

Ich nickte. »Davon kann man in den USA nur träumen. Außerdem muss man in Kanada nicht Haus und Hof verticken, wenn man mal krank wird.«

»Stimmt«, sagte der Professor, »die medizinische Grundversorgung kostet nichts. Auch Medikamente werden für über 65-Jährige und Sozialhilfeempfänger in der Regel kostenlos abgegeben. Dadurch, dass es den Kanadiern im Schnitt wirtschaftlich so gut geht, liegt für die Alten – unabhängig von der Schichtzugehörigkeit und ihrer Herkunft – dort im Prinzip nicht viel im Argen. Aber es gibt, wie überall, einen großen Unterschied zwischen dem dritten und dem vierten Lebensalter.«

»Was meinen Sie denn damit?«, wollte ich wissen.

Das Glück der späten Jahre

»Also, als drittes Lebensalter gilt die Zeit zwischen 65 und 75 Jahren«, erklärte er. »Diese Altersgruppe wird im Prinzip überall als aktiv, aufgeschlossen und sozial integriert wahrgenommen. In Kanada machen zum Beispiel eine Menge Leute in diesem Alter noch berufliche Fortbildungen. Ähnlich wie in den USA arbeitet ein großer Teil der über 65-Jährigen noch oder engagiert sich alternativ ehrenamtlich.«

»Und was ist mit dem vierten Lebensalter?«, fragte ich.

»Das sind die Menschen ab Mitte siebzig bis Mitte achtzig und älter – da gibt es überall zum Teil dramatische Unterschiede in der Lebensqualität. Auch in Kanada geht es den 85-Jährigen gesundheitlich und finanziell zum Teil sehr viel schlechter als den 65-Jährigen. Aber der kanadische Staat kann jetzt schon anfangen, sich vorbeugend auf den demografischen Wandel – also die zunehmende Zahl von alten bis sehr alten Menschen – vorzubereiten, zu reagieren und das System weiter zu verbessern, bevor es zu spät ist.« – »Weil die Solidargemeinschaft so gut funktioniert«, folgerte ich. Kruse pflichtete mir bei. »Genau. Das ist eine gute, stabile Ausgangsbasis. In anderen Ländern gibt es eine viel größere Schere zwischen Arm und Reich.«

Ich fragte ihn nach einem Beispiel. »Brasilien ist ein ganz besonderer Fall«, erzählte er. »Die Brasilianer nennen ihr Land ›Pais jovem‹, das jugendliche Land. Und das meinen sie ganz wörtlich. Das höchste Gut für einen Brasilianer ist die Jugendlichkeit.«

»Na ja... wenn man sich die Bikini-Mädels an der Copacabana so anguckt, kann man das ja verstehen«, meinte ich. »Die haben alle Kurven wie der Zuckerhut!«

Der Professor lachte. »Absolut – so wird es hier in den Medien transportiert, und so wird es in Brasiliens Medien auch propagiert. Aber das Erstaunliche ist: Die meisten Brasilianer wollen ernsthaft so aussehen! Die äußere Erscheinung, das Körperbild ist das absolut Wichtigste in Brasilien. Wer da mitmacht und sich anpasst, ist automatisch Teil der Jugendkultur und deshalb nicht alt.«

»Moment mal – heißt das, wenn alte Brasilianer sich anziehen wie Zwanzigjährige, gelten sie automatisch als jung?«

Kruse nickte. »In Brasilien stimmt der Hollywood-Spruch tatsächlich: Alt ist nur, wer sich keine Schönheitsoperationen leisten kann. Brasilien hat weltweit nach den USA die meisten Schönheits-OPs. Und eine Menge wirklich armer Menschen sparen jahrelang, um sich trotzdem eine Operation leisten zu können.«

»Sie hatten was von der Schere zwischen Arm und Reich gesagt. Meinen Sie das damit?«

»Die geht noch viel weiter«, antwortete Professor Kruse.

»Als Angehöriger der Oberschicht wird man in Brasilien schlichtweg nicht als alt bezeichnet. Man gehört wegen seines hohen Sozialstatus automatisch mit zur Familie der jungen, modernen und schönen Menschen. Natürlich auch durch die Hilfe der Schönheitschirurgen und Modedesigner. Das führt in den großen Städten wie Rio zu einem ganz merkwürdigen Effekt: Alte Leute existieren in der öffentlichen Wahrnehmung einfach nicht! Natürlich gibt es sie trotzdem – in den sozial schwächeren Schichten. Und hier müssen 35 Prozent der über Siebzigjährigen noch Vollzeit arbeiten, weil es nur eine sehr kleine Rente gibt.«

Ich war baff. Das klang ja wie ein pessimistischer Science-Fiction-Film... wer nicht jung und reich ist, hat schon gleich verloren! »Was ist denn dann in Brasilien mit dem vierten Lebensalter – also den 85-Jährigen?«

»Die sind für die Gesellschaft noch viel uninteressanter«, sagte Professor Kruse. »Weil es sie so gut wie gar nicht gibt. Ob Sie es glauben oder nicht: Nur gut ein Prozent aller

Das Glück der späten Jahre

Brasilianer sind achtzig oder älter! Die Lebenserwartung der Brasilianer ist mit durchschnittlich 74 Jahren relativ gering. Bei uns beträgt sie – Frauen und Männer zusammengenommen – immerhin 81 Jahre. Und das Land mit der weltweit höchsten Lebenserwartung ist Japan – dort werden die Menschen im Schnitt 84 Jahre alt.«

»Das liegt wahrscheinlich an dem vielen rohen Fisch«, nahm ich an. »Möglicherweise«, meinte der Professor. »Die Statistik wird aber nicht nur durch die ›Langlebigkeit‹ der Japaner geprägt, sondern auch durch die niedrige Geburtenrate. Kinder sind eine teure Angelegenheit in Japan.«

»Nicht nur da«, seufzte ich. »Auch in Endenich. Irgendjemand hat mal ausgerechnet, dass jedes Kind in Deutschland im Schnitt so viel kostet wie ein Einfamilienhaus. Da hab ich als Kanadier dem Durchschnittsdeutschen eine Menge Kohle gespart – und irgendwo in Deutschland stehen jetzt sechs Einfamilienhäuser, die eigentlich mir gehören müssten!«

Professor Kruse lachte über den Gag, holte mich aber gleich wieder auf den Boden der japanischen Tatsachen zurück. »Für die Japaner ist die Versorgung der Kinder zum großen Teil ein Projekt, das sich bis zum Rentenalter hinzieht«, sagte er. »Ausbildungen und Hochzeiten sind dort so teuer, dass viele Väter die Kosten ein Leben lang abstottern. Da bleibt kein Geld für Einfamilienhäuser – ganz abgesehen von dem beschränkten Angebot in diesem dicht besiedelten Land. Die meisten Japaner leben in kleinen Wohnungen. Da die Altersrente ab 65 für die meisten nicht ausreicht, um ihren Lebensstandard zu halten, arbeiten ein Viertel aller 65-jährigen Japaner noch in Vollzeit.«

»Wow – und trotzdem leben sie so lange? Die meisten Amerikaner würden bei dem Stress doch an einem Infarkt sterben!«, sagte ich. »Obwohl das natürlich auch an den Burgern, French Fries und Milkshakes liegt...«

»Tatsache ist, dass der Durchschnittsjapaner gerne länger arbeitet«, sagte Professor Kruse. »Japaner im dritten Lebensalter sind hocheffektiv, produktiv und kreativ. Sie bleiben ›ihrem‹ Unternehmen traditionell treu. Und wenn sie sich im Rentenalter doch umorientieren müssen, ist dort eine zweite Karriere im aktiven Berufsleben möglich und üblich. Dementsprechend sind die meisten Japaner in diesem Alter dann auch finanziell ziemlich gut gestellt. Und außerdem ein ganz selbstverständlicher, sozial voll integrierter Teil der Gesellschaft.«

Ich nickte beeindruckt. »Also gilt da nicht ›Die gehören zum alten Eisen‹, sondern ›Erfahrung macht klug‹?«

»Das kann man so sagen«, meinte der Professor. »Alter wird in Japan durchweg positiv beurteilt. Es gibt dort einen florierenden Markt für die Zielgruppe der Alten und viele hoch angesehene Alte in Politik und Wirtschaft. Und traditionell ist der Respekt Alten gegenüber in der japanischen Kultur selbstverständlich.«

»Und wie ist das in Japan mit dem vierten Lebensalter?«, fragte ich. »Das muss da doch ein großes Thema sein, wenn sie die meisten Alten weltweit haben.«

»Ist es auch«, bestätigte Kruse. »Aber das vierte Lebensalter findet nicht in der Öffentlichkeit statt, sondern im Privaten. Genauer gesagt in der ›ie‹. So heißt die traditionelle japanische Familie.«

Professor Kruse erklärte mir, wie das Alter im Rahmen der »ie« aussieht. Der älteste Sohn zieht mit seiner Familie in die (meistens sehr kleine) Wohnung der Eltern und wird das Oberhaupt der Drei-Generationen-Familie. Er übernimmt die Verantwortung für die Eltern – bis hin zur Pflege, sobald es notwendig wird. Zwischen Eltern und Kindern gibt es im Alter ein umgekehrtes, gewolltes Abhängigkeitsverhältnis, das in Japan ein hoher gesellschaftlicher Wert ist. Auch die Alten wollen und erwarten diese Abhängigkeit.

Das Glück der späten Jahre

»Puh, das wär nix für mich«, sagte ich und stellte mir mit Grausen vor, wie Nicky als neues Familienoberhaupt samt Frau und den (dann wahrscheinlich) sechs Kindern meine und Margies kuschelige, altersgerechte Wohnung im sonnigen Rom kapert und uns charmant in der Besenkammer unterbringt. Bei aller Liebe... nein danke!

»Hallo, Herr Mockridge! Sind Sie noch da?«, fragte Professor Kruse grinsend.

Ich schüttelte mich. »Sorry. Ich hatte gerade die Erkenntnis, wie ich mein Alter garantiert nicht verbringen will.«

Kruse lachte. »Na, dann hat die Studie doch schon mal was gebracht. Darum geht es mir ja – die Menschen dazu aufzufordern, ihre eigene Situation zu reflektieren und zu überlegen, wie sie ihr eigenes Alter gestalten möchten. Und da hat sich schon einiges getan. Überall bemüht man sich, das große Potenzial des dritten Lebensalters für die Gesellschaft zu nutzen«, sagte Professor Kruse.

»Früher war man ja der Ansicht, dass für die meisten Menschen der Eintritt ins Rentenalter in erster Linie ein schmerzhafter Verlust ist. Die sozialen Bindungen schwinden, man hat keine Aufgabe mehr und findet keine Rolle in der Gesellschaft.«

Ich musste an meinen Vater und dessen Generation denken und gab ihm recht. Der Film *About Schmidt* mit Jack Nicholson zeigt den Horror der Pensionierung, wenn man außer der Arbeit nie einen anderen Plan für sein Leben hatte.

»Man hat das Gefühl, das eigentliche Leben ist vorbei, und fällt in ein tiefes, schwarzes Loch«, sagte ich.

»Das ist das Klischee«, bestätigte der Professor. »Es trifft aber für die heutigen Menschen im dritten Lebensalter nicht mehr zu. In Ländern wie Frankreich, wo relativ wenige Menschen im Alter berufstätig sind, wird sehr viel Wert auf die Bildungsangebote für ältere Menschen gelegt.

Dort gibt es auch vorbildliche Ansätze zur sozialen Teilha-
be älterer Menschen, die an körperlichen oder psychischen
Erkrankungen leiden. In Frankreich werden die Anforderungen des vierten Lebensalters auf eine sehr positive Art
öffentlich diskutiert; die Verletzlichkeit, die Risiken und
Schwächen werden überall gesehen. Je nach Land wird die
Verantwortung aber unterschiedlich verteilt. Teils wird die
Familie stärker gefordert, teils die Gemeinschaft, aber nie
wird der Einzelne alleingelassen.«

»Das hörte sich ja alles gar nicht so düster an«, dachte
ich. Wenn wir schon alle immer älter werden, ist es beru-
higend zu wissen, dass die Gesellschaft sich auf diese Veränderungen einstellt. Das hatten auch Professor Andreas
Kruse und seine Kollegen herausgefunden.

»Unterm Strich gibt es nirgendwo eine negative Beur-
teilung des Alters – mal abgesehen von Brasilien«, sagte er,
während wir die Bedienung um die Rechnung baten.

»In allen Ländern, die wir untersucht haben, wurde Alter sowohl mit Gewinnen, Chancen und Stärken als auch
mit Verlusten, Risiken und Schwächen verbunden. Staat
und Gesellschaft können die Entwicklung von Altersbil-
dern durch unterschiedliche Maßnahmen beeinflussen –
auch durch die Politik. Überall reagiert man anders auf diese Herausforderungen. Und nur eins ist überall sicher: Alles
ist im Wandel!«

Wir verabschiedeten uns, ich dankte dem Professor
und spazierte sehr langsam durch die stillen Heidelberger
Gassen zu meinem Hotel. Ich dachte an mein eigenes vier-
tes Lebensalter, das irgendwo am Horizont auf mich wartete. An meine Kinder. Meine Eltern. An meine alte Heimat
Kanada – und an den Rest der Welt.

Sissi Perlinger

Ich bleib dann mal jung

Der Perlinger-Weg in die allerbesten Jahre

Marion von Schröder
© 2015 by Ullstein Buchverlage GmbH, Berlin
(S. 14–20, 29–35, 59–61, 67–73)
Abdruck mit freundlicher Genehmigung

DER DRITTE AKT

Man muss leider sagen, dass die Menschen jeden Urlaub akribischer planen als den gesamten dritten Akt ihres Lebens. Dabei läge hier die Möglichkeit, unser höchstes Potenzial zu verwirklichen und zum Höhepunkt unseres Schaffens zu gelangen. Im Theater liegt der Höhepunkt immer im Grande Finale, und beim Fußball fallen die wichtigsten Tore doch auch oft in der letzten Viertelstunde!

Die Gehirnforschung hat den alten Satz »Was Hänschen nicht lernt, lernt Hans nimmermehr« längst widerlegt. Es ist sogar genau umgekehrt: Je länger wir immer wieder etwas Neues lernen, umso jünger bleiben wir geistig und körperlich und umso besser werden wir im Alter sein! Heute gilt: Man kann auch mit 80 noch Chinesisch lernen ... wenn man sich in eine Chinesin verliebt – also eine Sache mit Begeisterung und Hingabe betreibt.

Deswegen erreichen viele große Künstler den Zenit ihres Schaffens erst spät im Leben! Picasso hat zum Beispiel gesagt: »Es dauert lange, bis man jung wird.«

Fest steht:

Da kann dir keiner helfen,
das musst du selber tun.
Geh deinen eigenen Weg
und bleib bei deinen Schuhen.

Das Glück der späten Jahre

Apropos Schuhe: Auch in sportlicher Hinsicht hat sich einiges getan.

Der neueste Rekord eines 80-Jährigen Marathonläufers liegt nur zwei Sekunden hinter dem eines 20-Jährigen ... okay, aus dem Jahre 1920, aber immerhin, daran sieht man, wie sich der Zustand der Alten in den letzten hundert Jahren verbessert hat! Gut, man muss auch sagen, dass die Schuhe perfektioniert wurden und die Trainingsmethoden und die Ernährung und und und ... aber all diese Faktoren kommen heute ja uns allen zugute.

Die 80-Jährigen von heute sind also, überspitzt gesagt, die 20-Jährigen von damals, und das auch im Kopf. Die Gedanken sind viel freier geworden, wir sind viel selbstbestimmter in der Lebensgestaltung, es weht mittlerweile ein ganz anderer Geist durch alle Generationen. Immer mehr Menschen begreifen mit fortschreitender Reife, dass es im Leben um ganz andere Dinge geht, als immer nur zu arbeiten und »etwas zu erreichen«. (Zu diesem Thema gibt es ein Buch von Bronnie Ware, in welchem alte Menschen im Hospiz zu Wort kommen; sie alle sagen im Grunde das Gleiche, nämlich: Hätte ich doch mehr Zeit mit meinen Lieben verbracht.)

Gut altern – leicht gemacht

Wenn wir also »gut altern« wollen, heißt das im Grunde, dass wir uns immer weiterentwickeln, neugierig bleiben und spielerisch den Umgang mit neuen Kunstfertigkeiten trainieren sollten. Machen Sie sich also selber immer wieder zum Schüler, und Sie fühlen sich so frisch wie damals in der 9. Klasse, nur ohne die Ängste und Unsicherheiten eines Teenies.

Ich gebe zu, wenn wir uns zu Anfängern machen, ist das im ersten Moment nicht leicht. Man fühlt sich wieder wie ein doofes kleines Kind und stellt sich blöd an. Aber bald stellt sich der erste Lernerfolg ein, und dann schütten wir tierisch Glückshormone aus, weil wir etwas geschafft haben! Plötzlich sehen wir auch eine Zeit klar vor uns, in der wir vielleicht sogar richtig gut sein werden bei dem, was wir da gerade tun, und damit haben wir uns ein Stück Zukunft erkämpft, das wir klar vor uns sehen können.

Immer wieder neue Ziele zu haben ist ein ganz wichtiger Motor, der uns lebendig bleiben lässt und immer weiter vorantreibt. Die Ziele zu finden, die für einen richtig und stimmig sind, ist die große Kunst, um die es oft gehen wird in meinem Buch. So gesehen ist diese Lektüre auch quasi ein Schulbuch für eine neue Generation von Alten. Wer sich ab jetzt vorbereiten möchte auf seinen goldenen Herbst, sollte ruhig seine »Hausaufgaben« machen, bis alles wirklich sitzt.

Tipp

Nehmen Sie jetzt gleich einen Stift zur Hand und markieren Sie beim Lesen alles, was Ihnen im Buch gefällt oder wichtig erscheint. Schreiben Sie Ihre spontanen Gedanken an den Rand. So können Sie die für Sie entscheidenden Stellen leichter wiederfinden. Sie können auch Eselsohren machen oder auf die ersten leeren Seiten schreiben. Bewahren Sie das Buch trotz – oder gerade wegen – der Eselsohren und Kritzeleien gut auf! Jedes Thema hat seine Zeit, und was Sie heute noch nicht betrifft, könnte in ein paar Jahren brandaktuell werden.

Üben und wiederholen

Wir müssen alles, was wir uns wirklich merken wollen, oft wiederholen. Jeder Lernprozess erfordert die intensive Vernetzung neuer Synapsen, die immer wieder aufgefrischt werden wollen. Das geschieht nur, wenn wir alles immer wieder durchgehen. Ich werde in diesem Buch daher auch ein paar Sachen nochmals ansprechen, die ich in meinem früheren Buch *Auszeit! – der Perlinger-Weg ins Glück* schon erwähnt habe. Das liegt nicht daran, dass ich inzwischen Alzheimer habe, sondern weil es wichtig ist, sich die Schlüsselinformationen immer wieder ins Gedächtnis zu rufen.

Ich weiß, ich rede viel von üben, arbeiten und die Sache selbst in die Hand nehmen. Bei vielen von Ihnen entsteht jetzt womöglich der Eindruck, dass dieser ganze Weg eine reine Mühsal ist. Aber ich kann Sie beruhigen: Wir sind hier nicht Sklaven im Steinbruch eines fremden Herrn, sondern jede Arbeit geht leicht von der Hand und bringt Befriedigung und Erfüllung, wenn man an der richtigen Baustelle tätig ist – nämlich an der eigenen! Da macht alle Mühe Spaß!

Ewig fit und schick?

Ich möchte an dieser Stelle kurz klarstellen, dass ich *nicht* dafür plädiere, dass wir jetzt alle auf Teufel komm raus ewig fit und schick und aktiv und tadellos schön sein müssen. Es geht hier vielmehr darum, Sehnsüchte, die wir schon immer in uns getragen haben, endlich zu erfüllen – weil wir heutzutage im Alter die Zeit und die Möglichkeiten dafür haben!

Früher haben die Menschen rund um die Uhr ums nackte Überleben gekämpft. Dann wurden sie jahrtausendelang ausgebeutet: Erst mussten sie ihren Beherrschern alles abgeben, später haben sie sich für ihren Arbeitgeber aufgeopfert. Früher wurde im Durchschnitt mit 45 gestorben, und das noch bis zu Beginn des 20. Jahrhunderts. Heute haben wir die Chance, nicht mehr unter Kummer und Sorgen bloß zu rackern, bis wir erschöpft ins Grab sinken.

Länger leben

Heutzutage werden wir fast alle über 80. Das sind fast 50 Prozent mehr Lebenszeit als früher! Macht quasi doppelte Lebenserfahrung! Würde man das in Räumlichkeiten ausdrücken, könnte man sagen, wir haben eine Doppelhaushälfte dazugeschenkt bekommen. Das ist eine große Chance – vor allem auch für die Männer, von denen böse Zungen lange behauptet haben: »Die werden nie erwachsen, nur ihre Spielzeuge immer teurer.«

Viele leben heute im Ruhestand noch weitere 30 Jahre. Wollen Sie diese ganze Zeit nur Däumchen drehen? Oder wollten Sie vielleicht schon immer mal einen Dokumentarfilm drehen?

Ein Bekannter von mir hat irgendwann seinen Job an den Nagel gehängt und angefangen, in afrikanischen Dörfern Brunnen zu bohren. Andere bohren lieber in der Nase. Ich finde, jeder hat das Recht, seine Zeit so zu nützen, wie es ihm passt, und ich möchte hier keinen Druck machen und behaupten, wir hätten die Pflicht, uns ehrenamtlich zu betätigen oder sozial einzusetzen. Wir müssen auch nicht bis zum letzten Atemzug fit bleiben. Es ist nur so, dass die Senioren, denen so etwas gelingt, bei Weitem länger leben und viel glücklicher sind als die, die sich hängen lassen.

Schwere Fälle

Ich möchte an dieser Stelle klarstellen, dass meine Tipps nicht für Menschen gemacht sind, die mit einem schweren Leiden todkrank in der Intensivstation liegen oder gerade einen ganz schlimmen Schicksalsschlag wegstecken müssen. In diesen Fällen dürfte einem die Aussicht auf ein wohliges Alter zumindest vorübergehend nicht möglich sein. Ebenso wenig kann ich jemandem aus einer prekären finanziellen Lage helfen. Geld ist weiß Gott nicht alles, aber ganz ohne geht es natürlich nicht. Aber sobald man seine Gesundheit, seine Lebenssituation und seine Grundversorgung im Griff hat, kann man wieder perspektivisch denken – und dann greifen auch meine Tipps.

Ich bin keine professionelle Therapeutin. Was ich hier zu bieten habe, sind die Ergebnisse meiner umfangreichen Recherchen, bereichert durch viele Informationen aus dem Parallelkosmos der alternativen »Szene«.

Viele dieser Informationen kann man nicht mal eben schnell bei Google finden, und deswegen möchte ich sie gerne mit Ihnen, liebe Leser, teilen. Außerdem lasse ich natürlich meine ganz persönlichen Erfahrungen einfließen, die ich auf dem Weg in mein eigenes, wunderbar erfülltes Dasein gemacht habe. Ich bin durch die Tatsache, dass ich alle paar Jahre eine neue Solo-Comedyshow schreiben muss, geradezu verpflichtet, immer wieder etwas Neues zu visualisieren und dann einzuüben, jedes Mal wieder über die letzten Entwicklungsschritte zu reflektieren und dem Ganzen auch immer wieder komische Seiten zu entlocken. All diese Tätigkeiten entsprechen glücklicherweise genau den Ratschlägen zur Altersprophylaxe, die einem die Wissenschaftler heute geben. Obwohl ich erst Anfang 50 bin, habe ich also schon seit 30 Jahren meine Erfahrungen dazu gesammelt. Und daher fühle ich mich auch prädestiniert dazu, ein Buch übers Älterwerden zu schreiben – obwohl ich noch so jung bin.

Ich denke, dass jeder, der es sich vornimmt und konsequent angeht, zu einem Selbstverwirklichungsprofi werden kann. Die Zeit ist reif!

Geile Zeiten

Wir haben heute die gesamten Errungenschaften der modernen Technik und Wissenschaft und das geballte Wissen aus dem World Wide Web zu unserer Verfügung. Auch die echte Welt ist komplett vernetzt durch immer billigere Airlines. Heiliger Bimbam, was haben wir für eine geile Zeit! Wir können problemlos in zig verschiedenen Ländern alle möglichen Arten von Partnerschaften, Lebensformen und Berufen ausprobieren und aus jeder dieser Welten nur das Beste lernen. Genau wie Donald Fagen gesungen hat:

What a beautiful world this will be
What a glorious time to be free.

Babyboomer

Und jetzt kommen die geburtenstarken Jahrgänge der Babyboomer-Wirtschaftswundergeneration bald ins Rentenalter. Die haben in den Siebzigerjahren die Welt revolutioniert, die werden jetzt auch das Seniorentum neu erfinden! Das heißt, es wird sich sehr bald alles zum Positiven verändern, denn es wird viel mehr Rücksicht genommen werden auf die Bedürfnisse älterer Menschen. Die Senioren werden in Bälde viel länger aktiv am Leben teilhaben und ihren Einfluss geltend machen als zuvor. 70 Prozent des Geldes ist heute schon in den Händen der über 60-Jährigen; das heißt, die Alten sind endlich auch als Konsumenten interessant, nicht nur die 18- bis 49-Jährigen. Dieser neue »Silver Market« bringt es zum Beispiel mit sich, dass sich das Angebot an anspruchsvoller Unterhaltung sehr verbessern wird, dass bald alles seniorenfreundlich und barrierefrei ausgebaut sein wird und dass in allen Bereichen des Lebens der Einfluss von Reife und Erfahrenheit zu spüren sein wird. Das alles wird geschehen, ob Sie dabei sind oder nicht. Ich empfehle natürlich mitzumachen, denn das bringt viel mehr *Spaß*!

Es wartet also eine riesige Spielwiese auf Sie da draußen, und die führt bis hinauf zu Ihrem persönlichen Zenit. Man muss nur die diversen Gegenenergien zu nehmen wissen – da ist es wie bei den asiatischen Kampfsportarten. Der erfahrene Meister stellt sich niemals gegen die Kraft des Angreifers, sondern er leitet sie um und lenkt sie von sich weg, ganz ohne Anstrengung. Genauso kann man auch trainieren, Rückschläge einfach ins Leere laufen zu lassen, weil man sie aufgrund seiner Lebenserfahrung vielleicht schon frühzeitig kommen sieht und reflexartig richtig reagiert.

(...)

Eine neue Rolle

Für mich als Schauspielerin war es stets auch ganz normal, dass ich mich immer wieder in neue Rollen einarbeiten musste, und zwar, indem ich mich geistig und emotional darauf vorbereitet habe. Drum werde ich jetzt mit großer Freude in die Kostüme der alten Dame schlüpfen, die ich bald sein werde. Auf diese Weise kann ich durch die Arbeit an diesem Buch und der nächsten Show schon mal spielerisch in die nächste große Rolle meines Lebens hineinwachsen. Das könnte man vergleichen mit der Denke mancher Paare, die sagen: »Lass uns zuerst 'nen Hund zulegen, bevor wir uns ein Kind trauen.«

Seelische Einstellung

Es gibt genau zu diesem Zweck übrigens auch sogenannte Altersanzüge, die man tragen kann, um sich besser hineinversetzen zu können, wie es ist, alt zu sein. Man kann durch den dazugehörigen Helm schlecht sehen und hören, und durch die eingearbeiteten Gewichte ist es sehr mühsam, sich zu bewegen. Wenn man so einen Anzug eine Zeit lang anhat, tut einem alles weh, und man kann daraufhin viel besser nachfühlen, wie es sein muss, in einem gebrechlichen Körper zu stecken.

Ich halte das für eine tolle Erfindung, um jungen Leuten mehr Empathie gegenüber Senioren beizubringen. Aber Untersuchungen über das Wohlbefinden älterer Menschen machen klar, dass all diese Einschränkungen gar nicht unbedingt sein müssen. Denn sowohl das Glücksempfinden als auch die Gesundheit sind ganz stark von der seelischen Einstellung abhängig.

Viele wissenschaftliche Untersuchungen belegen, dass wir uns überhaupt nur durch unsere Einstellung im Kopf krank machen und der Körper dieser Haltung dann folgt. Und genau deswegen werde ich in diesem Buch viel über die Kraft des Geistes schreiben, die es zu trainieren gilt. Ich lese natürlich auch viel über die gesamte Thematik, unterhalte mich, sooft ich kann, mit betagten Herrschaften, beobachte mit geschärften Sinnen, was das Alter für Seiten zeigt, und während dieser ganzen Arbeit ist mir klar geworden:

Die Jugend ist niemals der Höhepunkt des Lebens!

Nein, sie ist vielmehr eine unbedachte, hektische, getriebene und überaus unbewusste Durchgangsphase, in der wir das meiste, was mit uns passiert, überhaupt nicht mitkriegen.

Daher lautet meine These: Das Leben vollführt gar nicht zwangsläufig eine bogenförmige Kurve, die ab der Hälfte nach unten verläuft; wenn man sich nicht aufgibt, ist es eine stete Weiterentwicklung, eine Himmelsleiter, die wir an Wolke Sieben lehnen können.

Im Alter liegen der Höhepunkt und die Katharsis!

Obwohl ich erst Anfang 50 bin, habe ich irgendwann kapiert, dass das Leben in zyklischen Mustern auf und ab schwingt und auch die schlimmsten Zeiten irgendwann vorbeigehen. Man muss sich einfach immer wieder den nächsten Neuanfang erkämpfen. »*Anni tscha*«, sagte der tibetische Mönch im Vipassana-Meditationskurs immer – »Auch das geht vorbei«. Die meisten Alten, die ich kenne, hatten mal Angst vorm Alter, aber »auch das ging vorbei«. Wenn wir aufhören, panisch vor dem Gedanken an Alter und Tod davonzulaufen, sondern dem Dämon ins Auge sehen, wird er sich wie von Zauberhand in einen Glücksdrachen verwandeln.

Früher war alles besser?

Leider leben viele ältere Menschen in der Vergangenheit und sind irgendwo in ihren Erinnerungs-Endlosschleifen stecken geblieben. Leute, die chronisch derart drauf sind, sagen ständig Sätze, die anfangen mit dem berühmten »Früher war alles besser!« oder mit »Damals hatte ich noch ...«. Aber genau hier, jetzt und heute ist die Zeit, von der dieselben Leute später mal sagen werden, wie toll sie gewesen sei – obwohl sie gerade nur lamentieren.

Um solche Kandidaten sollten Sie in Zukunft einen großen Bogen machen. Denn schlechte Energie ist wie eine giftige Wolke, die die gesamte Umgebung verschmutzen und anstecken kann. Unbewusste Menschen neigen dazu, die Vergangenheit zu überhöhen und zu verklären, dabei weiß man heute längst, dass das Gehirn Erinnerungen immer wieder neu erstellt. Es blendet manche Tatsachen im Laufe der Zeit ganz aus (meistens die negativen) und rückt andere Dinge immer stärker in den Vordergrund und in ein schmeichelhaftes Licht. Wir formen also unsere Vergangenheit immer mehr nach unseren individuellen Bedürfnissen, und jedes Mal, wenn wir den Erinnerungsfilm im Gehirn abrufen und die dazugehörige Anekdote erzählen, schmücken wir sie noch ein bisschen schöner aus. Dann vergleichen wir diesen irreal perfekt beleuchteten Film vor unserem inneren Auge mit der vielleicht etwas düster daherkommenden Gegenwart, und da kann man dann schon mal ins Schwärmen geraten über Dinge, die genau genommen damals gar nichts Besonderes waren.

Das Schlimmste daran ist jedoch, dass man wegen dieser obsessiven Verklärung der Vergangenheit dem gegenwärtigen Moment leider keine Chance gibt, ein guter Moment zu sein. Das ist, als würde man in einem Zug sitzen bleiben und nie aussteigen, sondern immer nur jammern, dass die Station, an der man gerade vorbeigerauscht ist, wahrscheinlich die schönsten Sehenswürdigkeiten, Vergnügungen und Wanderwege geboten hätte.

Tipp

Schärfen Sie Ihre Wachsamkeit: Wenn Sie sich dabei ertappen, dass Sie gedanklich in der Vergangenheit sind oder dass Sie schimpfen und lamentieren, hören Sie sofort damit auf und richten Sie Ihre Aufmerksamkeit auf das Positivste, was Sie gerade finden können. Und wenn andere Menschen in Ihrer Gegenwart dauernd von früher reden, dann versuchen Sie, die Unterhaltung auf ein gegenwärtiges Thema zu bringen, oder ziehen Sie sich zurück. Es ist Ihr gutes Recht, sich und Ihren Energiehaushalt zu schützen.

Es gibt übrigens einen magischen Satz, der uns quasi automatisch aus der Vergangenheit herausholt und uns dabei hilft, sofort eine sonnigere Zukunft kreieren zu können. Er lautet:

Wäre es nicht schön, wenn ...

Wäre es nicht schön, wenn Sie sich ab jetzt voller Vorfreude auf Ihr Alter vorbereiten würden?

Wäre es nicht schön, wenn Sie ab jetzt juchzend in die Zukunft schauen, weil Sie genau wissen, dass da eine total geile Zeit bevorsteht?

Wäre es nicht schön, wenn alle Träume, die Sie je hatten, demnächst in Erfüllung gehen?

Jedes Mal, wenn Sie ein Problem haben, wenden Sie diesen Halbsatz an und suchen gedanklich nach dem bestmöglichen Ausgang aus der Misere. »Wäre es nicht schön, wenn ...« ist eine Zauberformel, die Ihnen helfen wird, Ihren Geist darauf zu trainieren, Lösungsmöglichkeiten zu finden. Sie wird Ihre momentane Stimmung sofort heben, und wer eine optimistische Vision hat, wird Probleme besser meistern. Das ist eine wissenschaftlich bewiesene Tatsache.

Es ist nicht so, dass man ein positives Lebensgefühl hat oder eben nicht. Man kann es *kreieren*, wenn man ein bisschen achtsam ist und weiß, wie's geht. Gerade wir Deutschen haben da noch viel Spielraum nach oben! Wir sind per se nicht unbedingt die größten Frohnaturen vor dem Herrn, aber nichts ist unmöglich, und wir können uns ja auch mal etwas abgucken von anderen Mentalitäten.

Der Spanier zum Beispiel nennt sich ab Rentenbeginn *el Jubilado*, zu deutsch *der Jubilierende*. Es gibt mittlerweile viele teutonische Senioren, die sich davon inspirieren lassen und ihren Lebensabend in Torremolinos oder auf Mallorca verbringen, Sangria trinken und »Polonesas Blancanesas« tanzen. Sich an den Spaniern zu orientieren ist eine gute Idee, denn die haben die höchste durchschnittliche Lebenserwartung Europas.

Wäre es nicht schön, wenn auch Sie tagtäglich ein bisschen vorankämen in Richtung Ihres persönlichen Wunschtraumes? Dann programmieren Sie dieses Traumziel jetzt in Ihr inneres Navi ein. Es könnte ungefähr so klingen:

OCEANVIEW VILLA am SONNENWEG, ECKE LACHERSTRASSE, in GLÜCKSHAUSEN AN DER JUCHEI

Gehen Sie niemals unbedacht, schlecht gelaunt und ohne Navi oder ohne nach dem Weg zu fragen einfach nur im Autopilot durchs Leben. Sonst landen Sie womöglich aus Versehen im

JAMMERBUNKER, SCHWARZMALERGASSE, ECKE NÖRGELWEG, in TRÜBSAL AN DER WINSEL

Sie haben es in der Hand. Sie müssen nur lernen:

1. die Karte zu lesen,
2. die Weichen zu stellen,
3. das Steuer in die Hand zu nehmen,
4. auf Kurs zu bleiben und
5. bewusst und achtsam zu lenken.

Das wird die Fehlerquote beträchtlich senken.

Der Wagen

Es gibt eine Tarotkarte, die genau beschreibt, wovon ich in diesem Buch oft rede. Diese Karte heißt »Der Wagen« (»The Chariot« im Waite-Tarot). Darauf ist ein Kutscher zu sehen, dessen Gefährt von einer weißen und einer schwarzen Sphinx gezogen wird. Die schwarze steht für schlechte Gewohnheiten und rein instinktive Reaktionen. Die weiße verkörpert gute Vorsätze, bewusste Ziele und hohe Ideale.

Übertragen heißt das: Es gibt Leute, die ihre Tage mit Beschäftigungen füllen, die sie selbst und andere glücklich machen und weiterbringen – hin zu ihren wahren Zielen und zu einem Leben in Harmonie. Andere Menschen hingegen versumpfen, wenn sie Zeit haben, weil sie nix mit sich anfangen können oder weil ihnen keiner beigebracht hat, wie man den Weg findet, der einen zum persönlichen Wunschtraum und zu seinem höchsten Potenzial führt.

Die Herausforderung dabei ist, dass jeder nur auf seine ganz spezielle Weise glücklich wird. Das heißt, jeder muss für sich selber erkennen, wo seine persönlichen »Glückskoordinaten« liegen, und herausfinden, wo er wirklich hinwill. Man kann es sich also nicht beim Nachbarn abgucken, und man sollte sich auch nichts einreden lassen, sondern muss so lange rumprobieren, bis es plötzlich da ist: dieses unvergleichliche Gefühl, angekommen zu sein.

Wünsche müssen kontinuierlich neu geschmiedet werden – das ist ein niemals endender Prozess. Aber je älter wir werden, umso größer ist unsere Selbsterfahrung und umso besser kennen wir uns und wissen Bescheid darüber, was wir wirklich brauchen und was wir nicht vertragen. Das ist doch der allergrößte Vorteil am Älterwerden!

Die Vorteile im Alter

Für viele ist das Thema Alter verbunden mit dem Verlust der Schönheit, Gesundheit und des Gedächtnisses. Das Alter bringt aber auch sehr viele Vorteile mit sich. Denn das, was im Laufe der Jahre unwiederbringlich schwindet, wird kompensiert durch andere, neue Qualitäten, und diese Tatsache wird von sämtlichen Alternsforschern bestätigt.

Wir gewinnen – wenn wir es richtig angehen – Geduld, Weisheit, Humor, Zuversicht und innere Entspanntheit. Okay, wenn wir jung sind, können wir Bäume ausreißen. Wenn wir alt sind, pflanzen wir lieber welche – und zwar genau die, die wir wollen.

Das Glück der späten Jahre

Wir müssen, wenn alles gut läuft, uns und anderen nichts mehr beweisen und können uns in Zufriedenheit üben und auch einen gesunden Stolz entwickeln über Errungenschaften, die wir erreicht haben. (Darauf freue ich mich selber schon sehr, denn bis zum heutigen Tage setze ich mich immer noch arg unter Druck.)

Außerdem lernen wir immer mehr, Einfluss zu nehmen auf die Sinuskurve unserer Ups und Downs, um nicht mehr ganz so tief runterzurauschen, wenn mal etwas nicht klappt. Wir haben im Idealfall gelernt, stabil im oberen Bereich zu verweilen, ein reifer Mensch braucht keine Achterbahn und keine Loopings mehr, sondern hält die Zügel lieber fest in der Hand, weil er begriffen hat, dass die Kutsche eh nie anhält. Der Alterungsprozess geht unaufhörlich weiter, die Zeit wird immer wertvoller, und deswegen werden wir quasi automatisch selektiver und, wenn wir uns ein wenig darum bemühen, auch achtsamer, einfühlsamer und bewusster.

Man könnte also mit Fug und Recht behaupten, dass das Leben allen Grund hat, ständig besser zu werden. Da es mir an dem Punkt aber an der persönlichen Erfahrung fehlt, wie sich das Ganze wirklich anfühlt, wenn man selbst erst mal über 70 ist, habe ich beschlossen, darüber mit meiner allerliebsten, bezaubernden Freundin zu reden.

(...)

WO GEHÖRE ICH HIN?

Es gab da ein erstes Schlüsselerlebnis für mich, und zwar auf Bali, als ich zum ersten Mal sah, wie manche Leute dort leben: in offenen Holzhäusern, die fließend in tropische Gärten übergehen, mit Badezimmern unter freiem Himmel, eingebettet in riesige tropische Bäume und Kaskaden von blühenden Schlingpflanzen.

Das alles spielt sich hinter hohen Gartenmauern ab und ist für die normalen Touristen nicht einsehbar. Aber ich hatte damals einen Freund, der nur in solchen Aussteigervillen verkehrte, und so durfte ich sehen, wohin mich mein weiterer Weg führen sollte, nämlich in die Tropen, ins Grüne und raus aus dem deutschen Winter. Ich bin dieses Projekt damals vor meinem inneren Auge im Probelauf oft durchgegangen und habe mich dabei genau an die Orte hinvisualisiert, an denen ich jetzt lebe.

Dann habe ich es im Prinzip ganz ähnlich gemacht wie die Glyzinie, die sich an unserem Haus hochrankt und die hinüber zum nächsten Baum wachsen will. Sie schickt einfach mehrere Triebe, immer in Richtung des Astes, der am weitesten zu ihr herüberragt. Diese dünnen Schlingpflanzenarme verbinden sich und verflechten sich ineinander, und irgendwann ist dieses Gebilde stark genug, um den ersten Ausleger so weit hinüberwachsen zu lassen, dass er Halt findet. Damit ist die Brücke gebaut,

Das Glück der späten Jahre

und alle weiteren Triebe können sich daran festhalten und hinterherwachsen.

Genauso habe ich es auch gemacht. Erst bin ich nur herumgereist und habe mich umgeguckt in der Welt. Eines Tages habe ich dann den Ort gefunden, in den ich mich verliebt habe, und dann fing ich an, alle meine Fühler in diese Richtung zu strecken. Heute stehe ich hier fest verwurzelt im Licht.

Das ist der Vorteil von Wünschen, die man sich selber verwirklicht: Man kann langsam hineinwachsen, und alles ergibt sich dann nach und nach ganz stimmig.

Um so einen Schritt zu machen, muss man nicht unbedingt jung sein. Im Gegenteil! Ich glaube, spätestens dann, wenn sich sämtliche klassischen Alterszipperlein einstellen und einem das kalte Klima unserer Breitengrade zusetzt, könnte man solch einen Absprung über den Winter versuchen. Ich bin froh, dass ich diese Pendelbewegung in mein Leben integrieren konnte und jetzt zwischen Auszeit im Süden und »Applauszeit« auf Tournee in Deutschland hin und her wechseln darf – weil ich beides wirklich brauche. Ich liebe es, mich zurückzuziehen, um zu üben, zu schreiben und mich vorzubereiten. Aber ich möchte auch den Output vor Publikum nicht missen, wo ich die Dinge, die ich erarbeitet habe, mit den Menschen teilen kann. Ich bin vor allem auch sehr froh, dass ich zuerst Karriere gemacht habe und dann erst nach Indien kam. Es gibt hier leider viele Leute, die zu jung nach Indien kamen und dann in Drogenkreisen versackt sind. Ich glaube, erst wenn man bei uns im Westen beide Beine fest auf dem Boden hat und dann merkt, dass man noch mehr will vom Leben als essen, arbeiten und schlafen, ist es Zeit, nach Alternativen zu suchen. Es ist ein bisschen wie fliegen lernen: Man muss bereits seine Flügel durch Muskeltraining gestärkt haben, dann irgendwann seine Angst überwinden, auf den Aufwind vertrauen und bei gutem Wetter in die richtige Richtung starten. Ich denke oft, dass diese Gemeinde, die sich jedes Jahr über den Winter in Goa trifft, wie ein Schwarm Zugvögel ist – »Migrating birds and members of the tribe of the many colours«, die das ganze Jahr immer Richtung Sonne fliegen. So spart man eine Menge Heizkosten.

Aber klar, die Menschen sind unterschiedlich veranlagt, und was dem einen der Himmel, ist dem anderen die Hölle. Wenn man kein Vogel ist, will man auch nicht fliegen. Aber wenn man erst einmal begreift, welcher »Archetyp«, also welcher Grundcharakter, man ist, wird einem viel leichter klar, wohin sich die eigene Seele wirklich entwickeln will.

Wer bin ich?

Mit der Antwort auf diese wichtige Frage, die wir uns immer wieder stellen sollten, fängt man vielleicht auch am besten in der Kindheit an. Ich war ein extrem burschikoses Mädchen und habe nie Spitzenkleidchen getragen, sondern mich immer als Bub verkleidet und bis zur 4. Klasse alle Jungs vermöbelt. Als mir meine Mutter, als ich fünf war, zu Weihnachten eine Babypuppe geschenkt hat, war ich, gelinde gesagt, schockiert und habe das Ding wortlos in die Ecke geschmissen. Ich bin also eine, die schon ganz früh wusste, was sie *nicht* will!

Ich habe meine ganze Kindheit über jeden Tag ein Bild gemalt und in meinem Zimmer aufgehängt, bis keine einzige Stelle mehr frei war. Aber als Malerin habe ich mich nie sehen können. Ich musste erst jemanden treffen, der meine Seele daran erinnerte, wo sie hinmuss. Das geschah, als ich zum ersten Mal meine wunderbare Kollegin Miki Malör auf einer Bühne sah. Sie ist Anfang der 80er mit der »Halluzination Company« aus Wien aufgetreten, die damals in München im *Domizil* spielte.

Ich saß in der ersten Reihe und mir sind die Tränen waagrecht aus den Augen geschossen, und ich habe plötzlich genau gewusst: »Genau so etwas will ich auch machen!«

Auf die Bühne gehen, um den Menschen eine Geschichte zu erzählen und Humor mit Weisheit zu verbinden – das ist meine tiefste innerste Berufung. Meine Eltern sind nie mit mir ins Theater gegangen, und so hat es gedauert, bis ich 18 war, um dieses Schlüsselerlebnis zu haben.

Schlüssel ist hier genau die richtige Bezeichnung. Denn ich konnte nun endlich die Tür zu meiner wahren Bestimmung öffnen – und es hat eingeschlagen wie ein Kugelblitz! Ich habe alles liegen und stehen gelassen, bin auf dem Absatz umgedreht, und von da an nur noch in diese Richtung gelaufen. Und ich habe es geschafft, meinen Traum zu leben! Danke!

(...)

Ü50 als Chance

Ich glaube, wenn ein wachsender Prozentsatz der Bevölkerung kontinuierlich und mit Freude am persönlichen Bewusstwerdungsprozess und damit zugleich am kollektiven Erwachen arbeitet, rückt die Möglichkeit näher, dass wir die Situation auf unserem Planeten herumreißen können. Diese kontinuierliche Arbeit am »offenen Herzen«, also an der »Öffnung desselben«, ist für ältere Menschen noch viel stimmiger und leichter zu vollführen als für Menschen, die alle Hände voll damit zu tun haben, ihr Leben, ihren Beruf und ihre Familie auf die Reihe zu kriegen.

Die heutigen Senioren sind auch deswegen für Bewusstwerdung und Herzensöffnung prädestiniert, weil viele von ihnen in ihrer Jugend vom 68er-Gedankengut geprägt wurden. Jetzt haben sie die Zeit und meist auch das Geld, um sich spirituell weiterzuentwickeln und neue Wege zu erforschen.

Was wollen Sie werden, wenn Sie alt sind?

Wir trainieren als Teenager viele Jahre fürs spätere Erwachsenendasein und müssen uns mit der Frage auseinandersetzen, was wir einmal beruflich machen wollen.

Ebenso kann man sich als angehender Alter mit der Frage beschäftigen, was man im Alter werden möchte.

Ich selber weiß, was ich sein will, wenn ich ganz alt bin: Musikerin. Und Sie? Was ist Ihr Plan? Diese Frage sollte sich heute jeder stellen.

Tipp

Schreiben Sie jetzt sofort alles auf, was Ihnen spontan dazu einfällt, was Sie noch aus sich machen wollen. Schalten Sie Ihren inneren Richter aus, lassen Sie keine Einschränkungen zu. Es geht um die kühnsten Träume und uralte verschüttete Sehnsüchte, um Ihr inneres Kind, das zu Wort kommen soll, ohne dass jemand dazwischenquatscht. Aus der Quintessenz der Begriffe, die Sie im Laufe der nächsten Jahre noch vervollständigen können, lässt sich Ihr persönlicher Traum herauslesen. Gehen Sie ihn an, indem Sie sich dort hinvisualisieren und jede Spur, die sich Ihnen zeigt, verfolgen.

Es ist inzwischen normal, dass man im Laufe eines Lebens mehrere unterschiedliche Berufe und Karrieren haben kann. Und natürlich kann man, um das Glück im Alter zu finden, auch ehrenamtlich tätig werden oder sein Hobby kultivieren.

Ich bin vom Sternzeichen her Schützin, und zwar eine, wie sie im Buche steht. Dieser Charaktertyp neigt dazu, seinen Pfeil bis weit hinter den Horizont zu schießen und dieses Ziel dann ein Leben lang zu verfolgen. Ich habe also diesbezüglich einiges an Erfahrung gesammelt und kann Ihnen versichern, dass man ein Ziel, das man ganz fest vor Augen hat, auch erreichen wird. Ich lasse mich aufgrund meiner positiven Affirmationen bezüglich des Älterwerdens nicht aus der Ruhe bringen und habe damit stets gute Erfolge erzielt. Der Entwicklungsprozess geht immer weiter, wenn man es will.

Was mich nur immer wieder überrascht, ist, wie fixiert die Menschen darauf sind, andere auf ihr Alter festzunageln.

»Wie alt sind Sie eigentlich?«

Das ist die häufigste Frage nach meinen Auftritten. Ich sage jedes Mal ganz ehrlich, dass ich es vergessen habe, weil ich mir Zahlen nicht merken kann. Außerdem will ich mich auch nicht in irgendeine Schublade stecken lassen. Mit dieser Denke und diesen Kategorien setze ich mich nicht mehr auseinander. Das zieht bloß einen ganzen Rattenschwanz schlechter Assoziationen nach sich. Schon Luis Buñuel hat gesagt: »Aufs Alter kommt es nicht an, außer man ist ein Käse.«

Heute sind viele Frauen über 50 begehrenswerter als je zuvor in ihrem Leben. Es gibt sogar schon ein Bond-Girl, das 50 ist: Monica Belucci.

Die neuen Fünfzigerinnen sind keine falschen Fuffziger mehr.

Viele von ihnen sehen ganz natürlich super aus, weil sie sich ihr Leben lang gepflegt haben. Sie sind lustig, klug, sexuell erfahren und rundum glücklich und zufrieden mit sich und ihren intakten Partnerschaften. Das ist die Zukunft – da wollen wir hin!

Ab 50 sollte man aber auch etwas mehr auf sich und seine Gesundheit achten, denn nun fällt auch die Entscheidung, ob es klappt mit einem langen gesunden Leben – oder eben nicht. Bis 50 können wir ziemlich rumschludern, danach allerdings sollten wir das Ruder rumreißen: Rauchen und übermäßiger Alkoholkonsum schlagen in den Statistiken schwer zu Buche, noch vor ungesunder Ernährung und Übergewicht. Entscheiden wir uns für die Gesundheit, also gegen Rauchen und Saufen, haben wir heute alle Chancen, 10 bis 20 Jahre länger zu leben. Dann kann man auch noch als 70-Jährige locker für Mitte 50 durchgehen, und ich finde sowieso: Ein bisschen am Alter zu schrauben sollte für die Dame von Welt genauso legitim sein wie das akademische Viertelstündchen, das man zerstreuten Professoren einräumt. Man ist so alt, wie man sich macht. Sich jünger zu mogeln ist wissenschaftlich erwiesenermaßen sogar gesund, weil man sich dadurch auch jünger fühlt. Self-fullfilling Prophecies gehen also nicht nur nach hinten los.

Aber warum genau fragen die Menschen eigentlich so oft nach dem Alter? Ich glaube, weil sie einander einordnen wollen in vorgefertigte Konzepte. Jeder bekommt seinen Platz zugewiesen und wird in der entsprechenden Schublade abgelegt. Als Frau landet man ab 50 entweder unter: »Die sieht aber noch gut aus für ihr Alter... äh, da hat die doch bestimmt was machen lassen.« Oder: »Oha, schon soo alt, na, dann ist sie ja inzwischen wirklich jenseits von Gut und Böse.«

Da tickt die Evolution noch ganz laut im Hintergrund. Sobald eine Frau nicht mehr die Signale der voll im Saft stehenden Empfänglichkeit ausstrahlt, verlischt der Jagdinstinkt beim männlichen Geschlecht.

Dabei geht es doch zwischen Mann und Frau nicht nur um Fortpflanzung, vor allem dann nicht, wenn man die Nummer schon ein paarmal durchgezogen hat und die Gene längst weitläufig um den Erdball verteilt sind. Das scheint bei den meisten Männern aber leider nicht angekommen zu sein. Die Einstellung, dass man mit einer Frau sowieso nur aus Flirtgründen mit Sexaussicht redet, sitzt bei manchen Männern noch tief. Aber hier kommt der Lichtblick, meine Damen: Auch das ändert sich im Alter zum Positiven – und zwar mit der fortschreitenden Impotenz.

Schönheitsideale

Schönheitsideale und körperliche Fitness werden von den Medien wahnsinnig in den Vordergrund gerückt. Jung bleiben zu wollen auf Teufel komm raus heißt leider oft auch, krampfhaft zu verdrängen, was nicht zu ändern ist. Und das macht erst richtig hässlich, weil es frustriert.

Mütter, die für die jüngere Schwester ihrer Tochter gehalten werden wollen, sind ganz arm dran. Sie laufen panisch vor einem Prozess davon, den man nicht stoppen kann, und haben es versäumt, ihrem Lebensbaum noch ein paar andere Seitenäste zu entlocken, auf denen andere Stärken hätten gedeihen können, als immer nur die jugendliche Gespielin bleiben zu wollen. Besonders ehemals extrem hübsche und sinnlich veranlagte Frauen, also solche, die ich »Archetyp Aphrodite« nenne, haben es nicht leicht mit dem Altern und sollten so früh wie möglich versuchen, auch noch in anderen Bereichen ihre Stärken zu entwickeln. Grundsätzlich gilt, dass unsere Medien und weite Teile der Gesellschaft immer noch stark vom Jugendwahn geprägt sind.

Ich interviewe Marlene zu dem Thema, und sie hat natürlich einiges dazu zu berichten:

Ich hab viele Freunde in den USA, ich sag dir, in ganz Beverly Hills gibt's seit 30 Jahren keinen Weißhaarigen mehr. Wenn du da auf 'nem Klassentreffen als Einziger nix hast machen lassen, biste 'ne schräge Nummer, als hättste ein lebendes Spanferkel als Hut. Aber dafür gibt's in den USA auch schöne Witze zu dem Thema. Manche haben sich zum Beispiel so oft liften lassen, die haben sich aus den überschüssigen Hautlappen ein Handtäschchen machen lassen und aus den Tränensäcken ein Portemonnaie. Jetzt haben sie 'n Twinset passend zum Gesicht. Na ja, warum nicht? Cher hat inzwischen ein ganzes Kofferset!

Früher, als man sich noch nicht liften lassen konnte, haben die Damen hinten an ihrem Dutt so lang gedreht, bis sie irgendwann den Bauchnabel auf der Stirn hatten. Dann musste man ein Halstuch tragen – über der Mumu...

Ja, die Möglichkeiten sind immens, dagegen erscheint einem ein Frankenstein-Film wie 'ne Doku. Ich finde, wenn sich einer hässlich fühlt, soll er sich doch helfen lassen, es gibt aber auch Fälle, wo der Arzt sagt: »Sorry, wir nehmen keine Enthauptungen vor.«

So viel zum Thema Schönheits-OPs.

Ich beobachte in meinem Umfeld allerdings immer mehr Leute, die völlig entspannt mit ihrem fortgeschrittenen Alter umgehen und einfach nur stolz darauf sind, dass sie es so weit gebracht haben.

Ich hoffe, bald wird es auch in dieser Richtung eine Menge »Coming-outs« geben – wenn die Menschen eingesehen haben, dass Alter nichts ist, was man runterlügen, wegoperieren oder verstecken muss.

Tipp

Entziehen Sie dem gesamten Themenkreis »Jugend und Schönheit« vollständig die Aufmerksamkeit. Jedes Mal, wenn Sie sich dabei ertappen, über das »Alter« schlecht zu denken, dann erinnern Sie sich daran, dass Zahlen nur was für Buchhalter und Statistiken sind. Die Seele bleibt immer jung, man muss einfach schauen, dass man sie immer mehr durchleuchten lässt durch den älter werdenden Körper.

Ich selber habe längst aufgehört, andere nach ihrem Alter zu fragen, und ermahne sogar inzwischen jeden, der mich fragt, mit einem koketten: »So was Unanständiges fragt man doch keine Lady.«

Wenn man erst länger nachdenken muss, bevor man die richtige Zahl der Lebensjahre zusammenkriegt, ist man auf dem richtigen Weg.

Medusa erhob ihr hässliches Haupt,
und ich hab einfach nicht hingeschaut.
So hat sie ihre Macht verloren,
und ich bin nicht zu Stein gefroren,
sondern hab mich befreit
und den alten Fluch entweiht!

»What you focus on expands«

Frei übersetzt heißt das ungefähr: Das, worauf man sich versteift und worüber man immer wieder nachgrübelt, wird auch ein immer größeres Problem werden. Es heißt aber auch umgekehrt: Was man irgendwann nicht mal mehr eines Gedankens für würdig erachtet, verdünnisiert sich aus unserem Leben von ganz alleine.

Wir halten nochmals fest: Das Wichtigste ist also, zu beobachten, wo wir unsere Aufmerksamkeit hinlenken – auf das Positive oder das Negative? Am besten ist es natürlich, wenn wir uns schon ganz früh den panischen Blick auf die Jahreszahl gar nicht erst einreden lassen, sondern uns immer wieder sagen: »Lebensgefühl, Glück und wahre Erfüllung sind völlig unabhängig vom Alter.« Und das stimmt auch mit allen Studien überein. Man hat herausgefunden, dass 80-Jährige im Durchschnitt viel glücklicher sind als 20-Jährige. Ist ja auch kein Wunder, denn die Alten hatten ja auch ein Leben lang Zeit, die Dinge so hinzudeichseln, dass sie sich schließlich wohlfühlten. Oft sind es nur ein paar Kleinigkeiten und marginale Kurskorrekturen, und schon sieht alles viel sonniger aus. Ganz in der Nähe unserer eher zufälligen Existenz, die nur vermeintlich fix ist, liegen viele andere Möglichkeiten, wie wir unser Leben auch führen könnten – und die sollte man alle mal abgeklappert haben.

Seneca

Von der Seelenruhe/
Vom glücklichen Leben

© 2010 Anaconda Verlag GmbH, Köln
(S. 119–135)
Abdruck mit freundlicher Genehmigung

Von der Kürze des Lebens

An Paulinus

1. Die meisten Menschen, mein Paulinus, klagen über die Bosheit der Natur: unsere Lebenszeit, heißt es, sei uns zu kurz bemessen, zu rasch, zu reißend verfliege die uns vergönnte Spanne der Zeit, so schnell, dass mit Ausnahme einiger weniger den anderen das Leben noch mitten unter den Zurüstungen zum Leben entweiche. Und es ist nicht etwa bloß der große Haufen und die unverständige Menge, die über dies angeblich allgemeine Übel jammert, nein, auch hoch angesehene Männer haben, von dieser Stimmung angesteckt, sich in Klagen ergangen. Daher jener Ausruf des größten der Ärzte:»Kurz ist das Leben, lang die Kunst.« Daher der einem Weisen wenig ziemende Hader des Aristoteles mit der Natur:»Die Natur habe es mit den Tieren so gut gemeint, dass sie ihnen fünf, ja zehn Jahrhunderte Lebenszeit vergönne, während dem Menschen, der für so vieles und für so Großes geboren sei, ein so

viel früheres Ende beschieden sei.« Nein, nicht gering ist die Zeit, die uns zu Gebote steht; wir lassen nur viel davon verloren gehen. Das Leben, das uns gegeben ist, ist lang genug und völlig ausreichend zur Vollführung auch der herrlichsten Taten, wenn es nur von Anfang bis zum Ende gut verwendet würde; aber wenn es sich in üppigem Schlendrian verflüchtigt, wenn es keinem edlen Streben geweiht wird, dann merken wir erst unter dem Drucke der letzten Not, dass es vorüber ist, ohne dass wir auf sein Vorwärtsrücken achtgegeben haben. So ist es: nicht das Leben, das wir empfangen, ist kurz, nein, wir machen es dazu; wir sind nicht zu kurz gekommen; wir sind vielmehr zu verschwenderisch. Wie großer fürstlicher Reichtum in der Hand eines nichtsnutzigen Besitzers, an den er gelangt ist, sich im Augenblick in alle Winde zerstreut, während ein, wenn auch nur mäßiges Vermögen in der Hand eines guten Hüters durch die Art, wie er damit verfährt, sich mehrt, so bietet unser Leben dem, der richtig damit umzugehen weiß, einen weiten Spielraum.

2. Was klagen wir über die Natur? Sie hat sich gütig erwiesen: das Leben ist lang, wenn man es recht zu brauchen weiß. Aber den einen hält unersättliche Habsucht in ihren Banden gefangen, den anderen eine mühevolle Geschäftigkeit, die an nutzlose Aufgaben verschwendet wird; der eine geht ganz in den Freuden des Bacchus auf, der andere dämmert in trägem Stumpfsinn dahin; den einen plagt der Ehrgeiz, der immer von dem Urteil anderer abhängt, den anderen treibt der gewinnsuchende, rastlose Handelsgeist durch alle Länder, durch alle Meere; manche hält der Kriegsdienst in seinem Bann; sie denken an nichts anderes, als wie sie anderen Gefahren bereiten

oder ihnen selbst drohende Gefahren abwehren können; manche lässt der undankbare Herrendienst sich
in freiwilliger Knechtschaft aufreiben; viele kommen
nicht los von dem Glücke anderer oder von der Klage
über ihre eigene Lage; die meisten jagt mangels jeden
festen Zieles ihre unstete, schwankende, auch sich
selbst missfällige Leichtfertigkeit zu immer neuen
Entwürfen. Manche wollen von einer sicher gerichteten Lebensbahn überhaupt nichts wissen, sondern lassen sich vom Schicksal in einem Zustand der Schwäche
und Schlaffheit überraschen, sodass ich nicht zweifle
an der Wahrheit des Wortes jenes erhabenen Dichters,
das wie ein Orakelspruch klingt:
»Ein kleiner Teil des Lebens nur ist wahres Leben«; der
ganze übrige Teil ist nicht Leben, ist bloße Zeit. Von allen Seiten drängt und stürmt das Unheil an und lässt
nicht zu, dass man den Blick erhebe zur Betrachtung
der Wahrheit, drückt die Menschen vielmehr in die
Tiefe und fesselt sie an die Begierden. Niemals wird
es ihnen möglich, zu sich selbst zu kommen, und tritt
zufällig etwa einmal eine Pause ein, dann schwanken
sie hin und her wie das tiefe Meer, das auch nach dem
Sturm noch in Bewegung ist; kurz, niemals lassen ihre
Begierden sie in Ruhe. Und meinst du etwa, ich sprä-
che nur von denen, über deren beklagenswerte Lage
alle einig sind? Blicke hin auf jene, die allgemein als
Glückskinder angestaunt werden: sie ersticken an ihrem eigenen Glücke. Wie vielen wird der Reichtum
zur Last! Wie vielen raubt das Rednergeschäft und das
tägliche Verlangen, ihr Talent leuchten zu lassen, die
wahre Lebenskraft! Wie viele bieten infolge des un-
aufhörlichen Sinnengenusses den Anblick von wandelnden Leichen! Wie vielen lässt die sich drängende
Klientenschar keinen freien Augenblick! Kurz, gehe

sie alle durch vom Niedrigsten bis zum Höchsten: Der eine sucht einen Anwalt, der andere stellt sich ihm zur Verfügung; der eine ist in Gefahr, der andere übernimmt die Verteidigung; wieder ein anderer fällt das Urteil; keiner sichert sich sein Recht über sich selbst; der eine verzehrt sich im Dienst für den anderen. Frage nach jenen Stützen der Gesellschaft, deren Namen auswendig gelernt werden, du wirst sehen, man unterscheidet sie nach folgenden Merkmalen: der eine dient diesem, der andere jenem, keiner sich selbst. Ganz sinnlos ist demnach die Entrüstung so mancher: sie klagen über den Hochmut der Höherstehenden, weil diese für den zudringlichen Besucher keine Zeit gehabt haben! Darf sich irgendjemand herausnehmen, über den Stolz eines anderen zu klagen, der für sich selbst niemals Zeit hat? Jener hat dir unbedeutendem Gesellen doch irgendeinmal einen Blick gegönnt, wenn auch einen noch so hochfahrenden, er hat sein Ohr zu deinem Anliegen herabgelassen; du aber hast dich nie für wert gehalten, einen Blick in dich zu tun, auf dich selbst zu hören. Diese deine Dienstbeflissenheit gibt dir also keinen Anspruch auf Beachtung vonseiten irgendjemandes; denn als du sie ausübtest, lag dem nicht die Absicht einer Verbindung mit dem anderen zugrunde, sondern nur das Unvermögen, dir selber anzugehören.

3. Mögen auch die glänzenden Geister aller Zeiten über diese Tatsache in Übereinstimmung sein, so werden sie sich doch niemals genug wundern können über diese geistige Finsternis der Menschen. Ihre Landgüter lassen sie von niemand in Beschlag nehmen, und beim geringsten Streit über die Feldmark rennen sie nach Waffen; was aber ihr eigenes Leben betrifft, so

lassen sie andere in dasselbe eingreifen; ja nicht genug damit, sie bemühen sich sogar darum, andere zu Herren und Besitzern ihres Lebens zu machen. Es findet sich keiner, der sein Geld austeilen möchte; sein Leben dagegen, unter wie viele verteilt es ein jeder! Ihr Vermögen zusammenzuhalten, sind sie immer eifrig beflissen; handelt es sich aber um Zeitverlust, so zeigen sie sich als die größten Verschwender da, wo der Geiz die einzige Gelegenheit hat, in ehrbarer Gestalt aufzutreten. Greifen wir also aus der Masse der Höherbetagten irgendeinen heraus: »Wir sehen, du bist an der äußersten Grenze menschlichen Lebens angelangt; hundert Jahre oder mehr noch lasten auf dir. Wohlan, überschlage dein Leben und gib Rechenschaft davon. Berechne, wie viel dir davon der Gläubiger, wie viel die Geliebte, wie viel der Angeklagte, wie viel der Klient entzogen hat, wie viel der eheliche Hader, wie viel die Sklavenzucht, wie viel das dienstbeflissene Umherrennen in den Straßen der Stadt; nimm dazu die selbst verschuldeten Krankheiten und was unbenutzt liegen blieb, so wirst du sehen: die Zahl deiner Jahre ist geringer, als du annimmst. Frage dein Gedächtnis, wenn du einmal deiner Sache wirklich sicher gewesen bist, wie wenige Tage deiner Absicht gemäß verlaufen sind, wie selten du mit dir selbst Umgang gepflogen, wie selten du dein wahres Gesicht gezeigt, wie oft dein Gemüt verzagt hat; frage dich, was du in dieser langen Lebenszeit tatsächlich geleistet, wie viel dir von deinem Leben durch andere weggenommen worden, ohne dass du den Verlust gewahr wurdest, wie viel dir vergebliche Trauer, törichte Freude, unersättliche Begierde, der Reiz der Geselligkeit Zeit geraubt, wie wenig dir von dem Deinigen geblieben – und du wirst einsehen, dass du stirbst, ehe du reif bist.«

Das Glück der späten Jahre

Wie steht's also damit? Ihr lebt, als würdet ihr immer leben; niemals werdet ihr eurer Gebrechlichkeit euch bewusst; ihr habt nicht acht darauf, wie viel Zeit bereits vorüber ist; ihr verschwendet sie, als wäre sie unerschöpflich, während inzwischen gerade der Tag, der irgendeinem Menschen oder einer Sache zuliebe hingegeben wird, vielleicht der letzte ist. Ihr fürchtet alles, als wäret ihr nur sterblich; ihr begehrt alles, als wäret ihr auch unsterblich. Wie oft vernimmt man die Äußerung; »Mit dem fünfzigsten Jahre begebe ich mich in den Ruhestand, mit dem sechzigsten mach' ich mich frei von aller amtlichen Tätigkeit.« Und wer leistet dir Bürgschaft für ein längeres Leben? Wer soll den Dingen gerade den Lauf geben, den du ihnen bestimmst? Schämst du dich nicht, nur den Rest deines Lebens für dich zu behalten und dir für dein geistiges Wohl nur diejenige Zeit vorzubehalten, die sich zu nichts mehr verwenden lässt? Welche Verspätung, mit dem Leben anzufangen, wenn man aufhören muss! Was für eine Torheit, was für ein gedankenloses Übersehen der Sterblichkeit, auf das fünfzigste und sechzigste Jahr alle Heilspläne hinauszuschieben und es sich in den Kopf zu setzen, das Leben zu beginnen an dem Punkte, bis zu dem es nur wenige bringen.

4. Den mächtigsten und höchstgestellten Männern entfallen, wie du bemerken wirst, Äußerungen, in denen sie ihren Wunsch nach Ruhe kundgeben; sie preisen diese und geben ihr den Vorzug vor allen ihren Herrlichkeiten. Sie wünschen mitunter von ihrer Höhe, wenn es ohne Gefahr geschehen kann, herabzusteigen; denn mag auch von außen keine Gefahr oder Erschütterung drohen, das Glück bricht in sich selbst zusammen.

Seneca

Der selige Augustus, der sich mehr als sonst irgendeiner der Gunst der Götter erfreute, hat nicht aufgehört, sich Ruhe zu erflehen. Keine Unterhaltung, in der er nicht darauf zurückkam, er hoffe auf Muße: mit diesem süßen, wenn auch falschen Trost, dass er endlich einmal sich selbst leben würde, suchte er sich seine Arbeitslast zu erleichtern. In einem an den Senat gerichteten Schreiben, in dem er versprach, dass seine Ruhe der Würde nicht entbehren und von seinem früheren Ruhm nicht abstechen werde, finde ich folgende Worte: »Alles das sind Dinge, die sich besser in der Wirklichkeit ausnehmen werden als in der Verheißung. Mich indes hat der lebhafte Wunsch nach dieser heiß ersehnten Zeit, da die Freude an der Wirklichkeit noch auf sich warten lässt, dazu vermocht, mir im Voraus einiges Vergnügen zu sichern durch den süßen Zauber der Worte.« In so hohem Maße begehrenswert erschien ihm die Muße, dass er sie sich in Gedanken im Voraus lebhaft vorstellte, da die Wirklichkeit sie ihm noch versagte. Er, der alles von sich allein abhängig wusste, der über das Schicksal von Menschen und Völkern entschied, dachte in freudigster Stimmung an den Tag, wo er seiner Erhabenheit ledig würde. Er hatte an sich erfahren, wie viel Schweiß jene über alle Länder strahlende Herrlichkeit kostete, wie viel verborgenen Kümmernissen sie als Deckmantel diente. Genötigt, erst gegen seine Mitbürger, sodann gegen seine Amtsgenossen, schließlich auch gegen seine Verwandten die Waffen entscheiden zu lassen, hat er zu Wasser und zu Lande blutige Kämpfe geführt; durch Mazedonien, Sizilien, Ägypten, Syrien, Asien und fast an allen Küsten unter beständigen Kämpfen umhergetrieben, hat er die des Römermordens müden Legionen zur Verwendung für auswärtige Kriege bestimmt. Während er im Alpengebiet Ruhe schaffte und die Feinde bezwang, die sich mitten im Frieden in das Reich eindrängten, während er die Grenzen, sogar über den Rhein, über den Euphrat, über die Donau vorschob, wurden in Rom selbst die Dolche eines Murena, eines Caepio, Lepidus, Egnatius und anderer gegen ihn gewetzt. Noch war er den Nachstellungen nicht entgangen, da setzte seine Tochter und eine ganze Reihe adeliger Jünglinge, die durch sträflichen Umgang wie durch einen Eid an sie gefesselt waren, den bereits durch die Jahre geschwächten Herrscher in Schrecken, und Paulus und abermals ein an der Seite des Antonius Furcht erweckendes Weib. Diese Geschwüre hatte er mitsamt den Gliedern abgeschnitten; andere wuchsen nach. Wie ein durch Blutfülle beschwerter Körper ward er immer an irgendwelcher Stelle von einem Ausbruch heimgesucht. Daher wünschte er sich die Muße; in der Hoffnung und in dem Gedanken an sie beruhigten sich seine Arbeitssorgen; sie war der Wunsch dessen, der die Macht hatte, Wünsche zu erfüllen.

5. Marcus Cicero, hin- und hergeworfen zwischen Männern wie Catalina und Clodius, wie Pompejus und Crassus, die teils seine erklärten Feinde, teils zweideutige Freunde waren, während er mitsamt der Republik schwankte und sie vor dem Untergang zu bewahren suchte, schließlich beiseite gedrückt, doch weder im Glück beruhigt noch gewappnet gegen das Unglück – wie oft verwünscht er selbst sein Konsulat, das nicht ohne Grund, aber maßlos gepriesen wird! Wie kläglich äußert er sich in einem Brief an Atticus zu jener Zeit, wo Pompejus, der Vater, bereits überwunden war, der Sohn aber in Hispanien die Niederlage wiedergutzu-

machen suchte. »Was ich hier tue«, schreibt er, »fragst du? Ich weile in meinem Tusculanum, ein Halbfreier.« Daran schließen sich noch weitere Äußerungen, teils Weherufe über die vergangene Zeit, teils Klagen über die Gegenwart, teils verzweifelnde Hinweise auf die Zukunft. Einen Halbfreien nannte sich Cicero. Aber wahrlich, nie wird ein Weiser sich zu einer solchen Erniedrigung seines Namens hergeben, niemals wird er ein Halbfreier sein, er, der doch immer im Besitz der ungeschmälerten und vollen Freiheit ist, aller Bande ledig, sein eigener Herr und emporragend über die anderen. Denn was könnte den überragen, der über dem Schicksal steht?

6. M. Livius Drusus war ein tatkräftiger und leidenschaftlicher Mann. Er war es, der, sich stützend auf einen gewaltigen Anhang aus der Bevölkerung ganz Italiens, neue Gesetzanträge stellte und das Gracchische Unheil wieder aufleben ließ. Nicht hinreichend scharfen Blickes, um den Ausgang der Dinge zu überschauen, war er weder in der Lage, die Sache durchzuführen, noch stand es ihm frei, das einmal Begonnene liegen zu lassen. So verwünschte er denn, wie es heißt, sein von Beginn an ruheloses Leben, wie man sagt, mit folgenden Worten: »Ich bin der Einzige, der nicht einmal in seinen Knabenjahren jemals einen Feiertag gehabt hat.« Denn er hatte den Mut, noch als Unmündiger und mit der Prätexta Bekleideter vor den Richtern als Anwalt von Angeklagten aufzutreten, und wusste auf dem Forum seinen Einfluss so wirksam geltend zu machen, dass er, wie bekannt, in mehreren Fällen den Richtern seinen Willen aufzwang. Wovon mochte ein so frühzeitiger Ehrgeiz sich abschrecken lassen? Kein Zweifel, eine so vorzeitige Krankheit musste

zum größten Unheil ausschlagen für ihn sowohl wie für den Staat. Zu spät also klagte er, es seien ihm keine Feiertage beschieden gewesen, da er von Kindheit auf ein Brausekopf und eine Plage für das Forum war. Man streitet darüber, ob er selbst Hand an sich gelegt; er stürzte nämlich plötzlich an einem Stich durch den Unterleib zusammen; manche lassen es dahingestellt, ob sein Tod ein freiwilliger war, niemand aber, dass er zur rechten Zeit eintrat.

Es wäre überflüssig, noch eine Anzahl anderer anzuführen, die, während sie alle anderen an Glück zu überstrahlen schienen, ihrerseits selbst sich ein vernichtendes Zeugnis ausstellten, indem sie mit Widerwillen auf ihr ganzes vergangenes Leben zurückblickten. Indes durch solche Klagen haben sie weder andere noch sich selbst geändert; denn sobald die Worte verflogen sind, setzen die alten Leidenschaften wieder mit ihrem Spiele ein. Wahrhaftig, euer Leben, mag es auch tausend Jahre überschreiten, wird doch auf eine Winzigkeit zusammenschrumpfen; jenem Unwesen werden die Jahrhunderte der Reihe nach zum Opfer fallen; diejenige Zeitspanne aber, die trotz des raschen Naturverlaufes durch die Vernunft erweitert wird, muss euch allerdings rasch verfliegen; ihr ergreift sie ja nicht, haltet sie nicht fest und zwingt diese schnellste Läuferin nicht zum Stillstand, sondern lasst sie dahingehen wie etwas Überflüssiges und leicht Ersetzbares.

7. Vor allem rechne ich hierher auch diejenigen, die für nichts Zeit haben als für Wein und Wollust; denn es gibt keine angebliche Beschäftigung, die ehrloser wäre als diese. Die anderen, mag auch nur das Trugbild des Ruhmes es sein, in dessen Bann sie stehen,

Seneca

haben bei ihren Verirrungen doch noch einen gewissen Schein für sich: Verweise mich auf Habgierige oder Jähzornige oder auf Männer, die ohne gerechten Grund hassen oder Krieg führen – sie alle können für ihre Fehler sich doch noch auf eine gewisse Männlichkeit berufen; aber wer sich an den Bauchesdienst oder die Wollust wegwirft, der bedeckt sich mit untilgbarer Schande. Prüfe nur im Einzelnen genau die Art, wie sie ihre Zeit verwenden, sieh ihnen zu, wie lange sie rechnen, wie lange sie über ihren Anschlägen brüten und auf der Lauer liegen, wie lange sie Bücklinge vor anderen machen oder andere nötigen, dies vor ihnen zu tun, wie viel Zeit ihnen ihre eigenen oder fremde Bürgschaften wegnehmen, wie viel ihre Gelage, in denen sie ja längst schon ihren eigentlichen Beruf sehen, und du wirst begreifen, dass ihre eigenen Laster oder vermeintlichen Güter sie überhaupt nicht zu Atem kommen lassen.

Es herrscht schließlich allgemeine Übereinstimmung darüber, dass ein derartig in Beschlag genommener Mensch untauglich ist für irgendwelche ernstliche Beschäftigung, für das Studium der Beredsamkeit und der höheren Wissensfächer; denn sein zerstreuter Geist nimmt nichts tief in sich auf, sondern gibt alles, als wäre es eingezwängt, wieder von sich. Auf alles andere versteht sich ein so in Beschlag genommener Mensch besser, als auf die Kunst zu leben: es gibt keine Kunst, die schwerer zu erlernen wäre. Lehrmeister für andere Künste finden sich allenthalben, und zwar in großer Zahl; in einigen dieser Künste zeigten sich sogar schon Knaben dermaßen bewandert, dass sie bereits als Lehrer auftreten könnten; aber leben zu lernen, dazu gehört das ganze Leben, und, was du vielleicht noch wunderbarer finden wirst, sein Leben lang muss man sterben lernen. Viele hervorragende Männer haben unter Beseitigung aller Hindernisse und unter Verzicht auf Reichtum, Amtstätigkeit und Vergnügungen bis in das höchste Alter all ihr Bemühen einzig darauf gerichtet, leben zu lernen. Doch ist die Mehrzahl derselben mit dem Geständnis aus dem Leben geschieden, noch hätten sie es nicht zu dieser Kenntnis gebracht. Wie sollten also jene anderen sich darauf verstehen! Es gehört, glaube mir, ein großer und über menschliches Irrsal erhabener Mann dazu, nichts von seiner Zeit umkommen zu lassen, und sein Leben ist aus dem Grunde das längste, weil es in seiner ganzen Ausdehnung ihm selbst zur Verfügung stand. Nichts davon hat brach und unbenutzt gelegen, nichts hing von der Verfügung eines anderen ab; hat er doch nichts gefunden, was wert gewesen wäre, es mit seiner Zeit zu vertauschen, deren sparsamster Hüter er war. Und darum reichte sie für ihn aus, während sie jenen notwendig gefehlt haben muss, deren Leben zum großen Teil den öffentlichen Aufgaben gewidmet war. Und kein Zweifel: es werden jene dereinst sich des Schadens bewusst werden, den sie sich zugezogen; gar viele wenigstens von denen, die die Last großen Glückes tragen, kann man mitten im Gedränge ihrer Klienten oder bei Ausübung ihrer Anwaltstätigkeit oder sonstiger armseliger Ehrenpflichten zuweilen ausrufen hören: »Es ist mir nicht vergönnt zu leben.« Warum sollte es nicht vergönnt sein? Alle jene, die deine Rechtshilfe in Anspruch nehmen, entziehen dich dir selbst. Jener Angeklagte, wie viele Tage hat er dir geraubt? Wie viele jener, der als Kandidat auftrat? Wie viele jenes alte Weib, das nicht genug Erben begraben kann? Wie viele jener, der sich krank stellte, um die Habsucht der Erbschleicher zu reizen? Wie viele jener an Macht euch überragende Freund, für den ihr nicht Freunde seid, sondern nur ein Mittel, mit euch zu prunken? Gehe sie alle durch, sage ich, und prüfe sie, die Tage deines Lebens, du wirst sehen: nur wenige von anderen in Anspruch genommene Tage sind dir übrig geblieben. Wer es endlich zu den ersehnten Fasces (der Konsulatswürde) gebracht hat, wünscht sie wieder los zu sein und sagt einmal über das andere: »Wann wird dies Jahr zu Ende sein?« Ein anderer veranstaltet Spiele, die durch des Loses Entscheidung sich übertragen zu sehen er sich zu hoher Ehre angerechnet hatte; jetzt hört man ihn sagen: »Wann werde ich die Sache endlich los sein?« Um einen anderen reißt man sich förmlich auf dem ganzen Forum, ihn zum Anwalt zu haben, und das Publikum drängt sich um ihn zusammen in einem Kreis, der weit über den Hörbereich hinausgeht: »Wann«, ruft er aus, »wird die Sache vertagt werden?« Es überstürzt ein jeder sein Leben, leidet an Sehnsucht nach der Zukunft und an Überdruss an der Gegenwart. Aber der, welcher keinen Augenblick vorübergehen lässt, ohne ihn zu seinem Heil zu verwenden, der jeden Tag so nützlich verwendet, als ob es der letzte wäre, erwartet den morgenden Tag weder mit Verlangen noch mit Furcht. Denn was für einen neuen Genuss könnte ihm denn irgendeine Stunde bringen? Alles ist ihm bekannt, alles gründlich durchgekostet. Was das Übrige anlangt, so mag das Schicksal nach Belieben darüber entscheiden: sein Leben ist bereits in Sicherheit. Ein Zuwachs ist noch möglich, ein Abzug nicht, und mit dem Zuwachs steht es ähnlich wie bei einem bereits Gesättigten und Befriedigten, der noch einige Bissen dazunimmt, nach denen er nicht verlangt, die er sich aber gefallen lässt. Die grauen Haare und die Runzeln geben dir also keinen hinlänglichen

Grund zu glauben, es habe irgendeiner lange gelebt: nicht lange gelebt hat er, er ist nur lange da gewesen. Denn wie? Meinst du etwa, es habe einer eine weite Seefahrt gemacht, den gleich nach Auslaufen aus dem Hafen ein wütender Sturm erfasste, ihn hierhin und dorthin schleuderte und durch das Rasen der umspringenden Winde auf der nämlichen Meeresfläche immer im Kreise herumtrieb? Keine weite Seefahrt hat er gemacht; er ist nur vielfach hin- und hergeworfen worden.

8. Ich wundere mich oft, wenn ich sehe, dass man andere bittet, uns ihre Zeit zu widmen, und dass die darum Ersuchten sich so überaus gefällig erweisen. Beide lassen sich bestimmen durch die Rücksicht auf das, was die Bitte um Zeit veranlasste, keiner von beiden durch die Rücksicht auf die Zeit selbst: man bittet um sie, als wäre sie nichts; man gewährt sie, als wäre sie nichts. Mit dem allerkostbarsten Besitz geht man um wie mit einem Spielzeug. Die Täuschung kommt daher, dass die Zeit etwas Unkörperliches ist und nicht mit den Augen wahrgenommen wird; daher die geringe Achtung, in der sie steht, ja ihre völlige Wertlosigkeit. Jahresgehälter und Geldzahlungen lässt man sich gern gefallen und vergilt sie durch seine Arbeit, seine Mühe, seinen Fleiß: die Zeit aber wird von niemand recht geschätzt; man vergeudet sie, als ob sie nichts wert wäre. Aber diese nämlichen Zeitverächter, betrachte sie nur, wenn sie krank sind, wenn die Todesgefahr näher rückt, wie sie die Knie der Ärzte umfassen und wie sie, wenn die Angst vor etwaiger Todesstrafe sie peinigt, bereit sind, all das Ihrige hinzugeben, um nur am Leben zu bleiben. So auffällige Widersprüche zeigen sich in ihren Seelenregungen. Könnte einem jeden die Zahl seiner künfti-

Seneca

gen Jahre ebenso genau vorgerechnet werden wie die vergangenen, wie würden diejenigen, die nur noch auf wenige Jahre Aussicht hätten, zittern, wie sparsam würden sie mit diesen wenigen umgehen! Und doch ist es leicht, etwas, dessen man ganz sicher ist, mag es auch noch so gering sein, richtig einzuteilen; weit größere Achtsamkeit erfordert die Behütung dessen, wovon man nicht weiß, wann es aufhöre. Gleichwohl darf man nicht glauben, sie wüssten überhaupt nicht, um was für eine kostbare Sache es sich handelt; pflegen sie doch zu denen, die ihrem Herzen am nächsten stehen, zu sagen, sie seien bereit, ihnen einen Teil ihrer Jahre zu schenken. Sie geben ohne rechtes Verständnis: was sie geben, ist für die Empfänger kein Gewinn, für sie selbst aber ein Verlust. Allein eben das, was dadurch herabgemindert wird, kennen sie nicht; sie empfinden den Schaden nicht, und darum ist ihnen der Verlust erträglich. Niemand wird dir die Jahre zurückbringen, niemand dich dir selbst wieder zurückgeben; deine Lebenszeit wird dem Anfang entsprechend dahingehen und ihren Lauf nicht rückgängig machen oder hemmen; sie wird sich nicht ungebärdig stellen, wird dich auf keine Weise an ihre Eile erinnern; ruhig wird sie dahinfließen; keines Königs Machtgebot, keine Volksgunst wird ihr zu einer Verlängerung verhelfen; ihrer anfänglichen Bestimmung gemäß wird sie ihren Lauf vollziehen, wird nirgends einkehren, nirgends verweilen. Worauf läuft's hinaus? Du bist immer mit Geschäften beladen, das Leben eilt; inzwischen wird der Tod sich einstellen, für den du Zeit haben musst, du magst wollen oder nicht.

9. Kann es etwas geben, das zu mehr Mühsal führt als die Sinnesart der Menschen, derjenigen nämlich, die sich auf ihre Klugheit etwas zugutetun? Sie belasten

sich mit Geschäften, um besser leben zu können; auf Kosten des Lebens richten sie sich ihr Leben ein! Mit ihren Entwürfen greifen sie weit in die Zukunft. Ferner: der größte Verlust für das Leben ist die Verzögerung: sie entzieht uns immer gleich den ersten Tag, sie raubt uns die Gegenwart, während sie Fernliegendes in Aussicht stellt. Das größte Hemmnis des Lebens ist die Erwartung, die sich an das Morgen hängt und das Heute verloren gibt. Was in der Hand des Schicksals liegt, darüber verfügst du; was in der deinen liegt, das lässt du fahren. Wohin blickst du? Wonach streckst du die Arme aus? Alles, was da kommen soll, liegt im Ungewissen. Jetzt, auf der Stelle, erfasse das Leben! Auf! Es ruft dir der größte und wie von göttlichem Geist erfüllte Dichter den heilsamen Spruch zu:

Immer der beste der Tage im Leben der Menschen, der armen, fliehet zuerst.

Das will sagen: »Was zögerst du, was zauderst du? Wenn du ihn nicht fassest, flieht er davon! Und hast du ihn gefasst, so wird er dennoch entfliehen. Darum gilt es, die Schnelligkeit der Zeit im Wettkampf zu überwinden durch schleunigste Ausnutzung: wie aus einem reißenden Gießbach, der nicht immer fließt, muss man eiligst schöpfen. Auch darin trifft es der Dichter mit seinem Tadel des endlosen Zögerns sehr glücklich, dass er nicht sagt: »immer das beste Lebensalter«, sondern »der beste Tag«. Was reihst du sorglos und gelassen gegenüber der raschen Flucht der Zeiten Monate und Jahre dir in endloser Folge aneinander, wie es deine Unersättlichkeit für gut befindet? Vom Tage spricht der Dichter mit dir, von diesem eben entfliehenden Tage selbst. Ist es also etwa zweifelhaft, dass gerade der beste Tag den armen, mit anderen Worten, den mit Geschäften belasteten Menschen zuerst entflieht? Sie sind noch kindisch, wenn das Greisenalter sie überrascht, in das sie unvorbereitet und ungerüstet eintreten. Denn von Vorsorge war nicht die Rede: plötzlich und ahnungslos sind sie hineingetaumelt, ohne dass sie merkten, dass es täglich näherrückte. Wie Unterhaltung oder Lektüre oder irgendein fesselnder Gedanke Reisende täuscht, sodass sie eher ihre Ankunft gewahr werden als ihre Annäherung, so werden sich die mit Geschäften Belasteten dieser unaufhaltsamen und rasch verlaufenden Lebensweise, die wir wachend und schlafend gleichen Schrittes fortsetzen, nicht eher bewusst, als bis sie am Ende sind.

Wilhelm Schmid

Gelassenheit

Was wir gewinnen, wenn wir älter werden

© 2014 Insel Verlag, Berlin
(S. 7–25)
Abdruck mit freundlicher Genehmigung

Vorwort

Am Anfang war es nur ein Phänomen, das mich erstaunte, eine Beobachtung, die mich nachhaltig beschäftigte. Als ich meinem 50. Geburtstag näher kam, hielt ich erstmals einen Vortrag über das, was mir zu denken gab: das Älterwerden. Ältere Menschen sprachen mich daraufhin an: »Schöner Vortrag, junger Mann, aber das alles können Sie doch noch gar nicht wissen!« Meine Überlegungen gingen in der Tat nicht aus dem eigenen Älterwerden hervor, sondern dem meiner Mutter. Ich bewunderte sie dafür, mit welcher Gelassenheit sie es lebte, so bemerkenswert anders als so viele andere, und ich schaute ihr über die Schulter, um so viel wie möglich von ihr zu lernen, nur für den Fall, dass ich es mal brauchen könnte. Worauf beruhte diese Gelassenheit? Wie konnte ich sie in ferner Zukunft einmal selbst erlangen?

In jenem Vortrag machte ich mich darüber lustig, dass vom »Älterwerden« die Rede ist: Ist älter nicht die Steigerungsform von alt? Wollen Menschen also lieber älter sein statt alt? Wenn ich 60 werde, verkündete ich vollmundig, werde ich mich selbst nicht als »älter« bezeichnen, »alt« zu sein werde mir genügen. Ohnehin würde die Frage des Umgangs mit dem Älterwerden bald nur noch eine historische Erinnerung ans Alter im Moment seines Verschwindens sein, an dem Forscher in aller Welt

hart arbeiteten: Ich als einer der Letzten, die das Älterwerden noch erleben dürften. Ich sei freudig bereit, es so
zu nehmen, wie es kommen werde, um alle Kraft darauf
zu verwenden, so gelassen wie möglich damit zu leben:
Es einfach zu akzeptieren, nicht dagegen zu opponieren,
es weder schönzufärben noch schlechtzureden, sondern
es in seiner ganzen Spannweite zwischen Erleichterun-
gen und Erschwernissen, Schönheiten und Schrecklich-
keiten wahrzunehmen, nicht durch eine rosarote Brille,
nicht durch eine dunkle, sondern durch eine möglichst
klarsichtige, denn die nüchterne Sicht der Dinge ist doch
wohl das große Privileg des Älterwerdens! Mittlerweile
ist es so weit, 60, also alt. Die Wahrheit ist: Es fällt mir
nicht leicht. Gelassen bin ich nicht. Am 60. Geburtstag
überkam mich eine große Traurigkeit über den Abschied
von den Fünfzigern, die sehr schön waren und die ich
nie mehr erleben werde. Zehn Jahre zuvor betrübte mich
schon der Abschied von den Vierzigern, die es in sich
hatten, während ich den kommenden Jahren nichts zu-
traute. Sicher, das sind nur Zahlen, aber sie signalisieren
Realitäten, die sich heranschleichen und plötzlich ins Bewusstsein springen: Die vergangene Zeit wird gestreckt,
die kommende gestaucht, der Tod rückt näher. Alle ge-
dankliche Vorbereitung darauf kann die Erfahrung nicht
vorwegnehmen, wie sich das anfühlt, wenn es ernster
wird. Sprüche, die das Älterwerden abzutun versuchen,
sind begrenzt wirksam: Man ist so alt, wie man sich
fühlt? Klar, aber meist ist man älter. Das Gefühl kann an
diesem Faktum nichts ändern, ganz im Gegenteil: Es stif-
tet nur dazu an, sich darüber hinwegzutäuschen. Nicht
jede Täuschung ist schlecht, aber hier wird letzten Endes
nur die Enttäuschung größer, wenn trotz flotter Sprüche
gegen die Wahrheit nicht anzukommen ist.

Das Alter stellte ich mir lange Zeit als geruhsames Leben auf einer sonnigen Terrasse vor, zurückgelehnter Blick ins Weite, zufrieden mit mir selbst und der Welt. Was mir bisher fehlt, ist die Terrasse, folglich auch der Rest. Sicher ist nur: Ich will keiner von den Alten sein, die um den Preis der eigenen Lächerlichkeit jung bleiben wollen. Ich will kein Wutgreis sein, der seine Wut über das vergehende Leben an allem auslässt, was auflebt. Ich will nicht in Kampfmontur ausrücken, mit dem fordernden Blick derer, die sicher sind, immer richtigzuliegen, um die letzten Kräfte in Altersaggressionen gegen die Jüngeren abzureagieren, die immer alles falsch machen. Die Jüngeren, bin ich überzeugt, haben immer recht, und wenn nicht, haben sie dennoch recht, soll heißen: Sie haben alles Recht der Welt, ihre eigenen Erfahrungen zu machen. Sollten es schlechte Erfahrungen sein, werden sie daraus lernen.

Gelassen leben kann ein Mensch nur mit dem, was er als wahr akzeptiert – ansonsten benötigt er alle Kraft für die Leugnung des angeblich Unwahren, das dennoch existiert. Ein Aspekt der Wahrheit des Älterwerdens ist, dass dieses Werden mehr als jedes andere mit der Vergänglichkeit konfrontiert ist. Das war immer schon so, aber in moderner Zeit wurde ein Ärgernis daraus, denn alles ist technisch machbar, warum nicht auch die ewige Jugend? Auch ich hätte sie gerne, aber was wäre das für ein Leben? Auch ich hätte das Leben gerne rundum positiv und angenehm, aber wird nicht gerade dadurch das Negative und Unangenehme zum größeren Problem? Statt alle Kräfte im Kampf gegen das Älterwerden zu verpulvern, will ich lieber das in die Falten eingegrabene Leben selbstbewusst vor mir hertragen.

Leben zu lernen mit dem eigenen Altern wird zur neuen Aufgabe, um eine Kunst aus dem zu machen, was einst eine Selbstverständlichkeit war: *Art of Aging* statt *Anti-Aging* – eine Kunst des Älterwerdens, um mit diesem Prozess zu leben, statt dagegen anzuleben. Eine Lebenskunst im Umgang mit dem Älterwerden kann helfen, mit den Herausforderungen, die diese Phase bereithält, so zurechtzukommen, dass das Leben schön und bejahenswert bleibt – und wenn nicht mehr das eigene Leben in dieser Zeit, so doch das Leben als Ganzes.

Die Lebenskunst ist seit Langem mein Thema, nicht weil ich sie habe, sondern weil ich sie brauche. Der Begriff der Lebenskunst stammt aus der antiken Philosophie, griechisch *techne tou biou, techne peri bion*, lateinisch *ars vitae, ars vivendi*, »Kunst des Lebens« im Sinne eines bewusst geführten Lebens. Unter Lebenskunst wird im populären Sprachgebrauch oft das sorglose Dahinleben verstanden. Das ist eine Option für jeden, der davon Gebrauch machen will, aber keine besondere Anstrengung, die den Namen Kunst verdienen würde. Eine andere, anspruchsvollere Option ist die immer neue Orientierung des Lebens im Denken. Eine solche Bewusstheit ist nicht ständig möglich, aber das ist auch nicht nötig, denn es genügt ein Innehalten und Nachdenken von Zeit zu Zeit, jetzt in Bezug auf das Älterwerden: Was bedeutet das? Wie verläuft das? Wo stehe ich im Moment? Was kommt auf mich zu? Wie kann ich mich darauf vorbereiten? Was steht in meiner Macht, was nicht? Lebenskunst als Besinnung, um auch in dieser Phase Sinn zu finden, dem Leben Sinn zu geben und ein bewusstes Leben zu führen – falls es nicht reizvoller erscheint, einfach nur so dahinzuleben.

Das Problem des Älterwerdens in moderner Zeit ist, dass es für sinnlos gehalten, ja, sogar als Krankheit betrachtet wird, die frühzeitig erkannt und entschieden bekämpft werden muss, bis sie endlich irgendwann wegoperiert werden kann. Die Deutung des Älterwerdens als etwas, das keinen Sinn hat, sodass mit allen Mitteln dagegen vorzugehen ist, könnte ein Auswuchs des überschießenden *Ichismus* in moderner Zeit sein, der das ewig junge Ich propagiert: Ich – für immerdar und ewiglich. Im Bittgebet und Schlachtruf *Forever Young* (Song der Münsteraner Band Alphaville, 1984, endlos gecovert) kommt das Begehren danach zum Ausdruck. Wenn aber eine Deutung allein zu herrschen beginnt, wird eine andere Deutung zur Pflicht, denn Monokulturen von Deutungen gefährden das Leben: Sie schläfern es ein, nur der Widerspruch erweckt es wieder zum Leben. Eine andere Deutung, die zum Kennzeichen einer veränderten, anderen Moderne werden könnte, ist die, dass das Älterwerden Sinn hat. Welchen?

Ein *natürlicher* Sinn des Älterwerdens könnte die allmähliche Gewöhnung des Einzelnen an die Tatsache sein, dass sein Leben sich neigt – eine Fürsorge der Natur für ihr Geschöpf, dieses herrische Sensibelchen namens Mensch. Auch die Natur kennt ja das Prinzip *Forever Young* – sie verfährt dabei nur ganz anders als die moderne Kultur: Ewig jung bleibt sie, indem sie Leben vergehen und neues Leben entstehen lässt. Sie könnte jedes Leben auch mit einem schnellen Schnitt, einem Cut beenden, diesem Wunschtod vieler, der aber nicht für viele in Erfüllung geht, denn die Natur bevorzugt den langsamen Prozess des Älterwerdens: So bleibt Zeit, dem heranwachsenden Leben beizustehen, Erfahrungen weiterzugeben und neue Erfahrungen zu machen. Diesem Sinn gemäß zu leben heißt dann, floral gesagt: So lange fortzublühen für sich und andere, wie es ein mehr oder weniger unverwüstliches Gewächs vermag – und einverstanden zu sein mit dem Verblühen. Das Leben zu feiern, solange es währt, das eigene und alles Leben – auch über das eigene hinaus. Die reife Fülle des Lebens zu erfahren – und dessen zeitliche Grenze gelassen hinzunehmen. Bin ich dazu in der Lage?

Ein *kultureller* Sinn, der dem Älterwerden gegeben werden kann, ist die Entdeckung von Ressourcen, die das Leben leichter und reicher machen, gerade jetzt. Eine solche ist die *Gelassenheit*. Es scheint an ihr zu fehlen: Die Moderne wühlt die Menschen dermaßen auf und wirbelt ihr Leben so sehr durcheinander, dass die Sehnsucht nach Gelassenheit wächst. Sie war ein großer Begriff in der westlichen Philosophie seit Epikurs *ataraxia* (»Nicht-Unruhe«) im 4./3. Jahrhundert v. Chr., in der christlichen Theologie seit Meister Eckharts *gelazenheit* im 13./14. Jahrhundert. In der Moderne aber geriet sie in Vergessenheit. Sie fiel dem stürmischen Aktivismus, dem wissenschaftlich-technischen Optimismus zum Opfer, ihre Zurückhaltung galt nicht als Tugend. Die simulierte *Coolness*, die an ihre Stelle trat, hielt immerhin die Erinnerung an ihre humane Wärme und Tiefe wach. Eine bestimmte Lebenszeit schien lange wie geschaffen für die Gelassenheit: das Älterwerden. Aber auch daraus ist eine stürmische Zeit geworden, die Gelassenheit will nicht mehr so ohne Weiteres gelingen. Wie ist sie wiederzugewinnen? Kann die älter werdende Gesellschaft eine gelassenere werden?

Ich bin nicht im Besitz der Gelassenheit, aber sie erscheint mir erstrebenswert, um ein schönes Leben führen zu können. Ein Gewinn ist sie sicherlich in jeder Lebensphase, insbesondere aber beim Älterwerden, wenn das Leben schwieriger und ärmer zu werden droht. Gelassenheit zu gewinnen, ist vielleicht überhaupt erst im Laufe des Älterwerdens möglich: Es fällt leichter, gelassen zu werden, wenn nicht mehr alles im Leben auf dem Spiel steht und die Hormone sich etwas beruhigt haben, der Schatz der Erfahrungen größer, der Blick weiter, die Einschätzung von Menschen und Dingen treffsicherer geworden ist.

Dieses Buch ist der Versuch, die *10 Schritte zur Gelassenheit* ausfindig zu machen, die sich aus Beobachtungen, Erfahrungen und Überlegungen erschließen lassen. Es geht dabei um eine gelassene Gelassenheit, nicht um eine *protzende*, provozierende (»Seht her, wie gelassen ich bin«). Und es geht darum, Gelassenheit nicht einfach nur zu proklamieren, sondern gemeinsam mit dem Leser, der Leserin einen lebenspraktischen Weg zu ihr zu finden. Ein erster Schritt auf diesem Weg ist die Bereitschaft, sich Gedanken zu den Zeiten des Lebens zu machen, das eben nicht zu jeder Zeit dasselbe ist, und ein Verständnis für die Eigenheiten der Zeiten des Alt- und Älterwerdens zu entwickeln, um sich besser auf sie einlassen zu können.

GEDANKEN ZU DEN ZEITEN DES LEBENS

Was ist eigentlich Leben? Etwas, das intensiv spürbar ist, dann wieder gar nicht, scheinbar immer gleich, dann wieder ganz anders, zuweilen äußerst abwechslungsreich, dann wieder reine Gewohnheit. Es bringt Lüste und Glück, aber auch Schmerzen und Unglück mit sich, und niemand weiß, wie die Aufteilung dazwischen genau funktioniert. Es lässt Menschen nach Berührung und Beziehung suchen, die sie dann wieder fliehen, und es verlangt ihnen Besinnung ab, um dann wieder besinnungslos dahinzutreiben. *Polarität* ist ein Grundzug des Lebens: Es pulsiert zwischen gegensätzlichen Polen wie Freude und Ärger, Angst und Hoffnung, Sehnsucht und Enttäuschung. Und zwischen Werden und Vergehen, lange Zeit in der Geschichte als unabänderliches Schicksal akzeptiert. Unentwegt entsteht und vergeht etwas. Jedes Werden geht mit einem Vergehen einher, jedes Vergehen mit einem Werden, auch das Älterwerden. In moderner Zeit aber ist das Leben mit diesem Grundzug der Polarität fragwürdig geworden. Wie lässt sich der gelassene Umgang damit neu erlernen?

Es hilft, sich die unterschiedlichen *Zeiten des Lebens* vor Augen zu führen, um ihren Besonderheiten gerecht werden zu können. Sie scheinen Ähnlichkeiten mit einem Tageslauf zu haben: Während manche morgens flott aus den Federn kommen, tun andere sich schwerer damit. Dann aber ist die Euphorie über den noch jungen Tag oft groß: Unendlich viel Zeit steht zur Verfügung, viele Möglichkeiten stehen offen, im Vollbesitz der Kräfte wächst die Freude an der Arbeit der Verwirklichung, Alltagsgeschäfte lassen sich nebenbei erledigen, bis unversehens die Mittagspause schon da ist. Ein Nachmittag schließt sich an, der sich endlos hinziehen kann. Trägheit stellt sich ein, Müdigkeit lähmt die Glieder, eine gähnende Leere tut sich unerwartet auf, wie ist sie durchzustehen? Der Nullpunkt des alltäglichen Lebens wird von der plötzlichen Erkenntnis durchbrochen, dass der Tag zu Ende geht und eigentlich noch so viel zu tun wäre. Keine Panik, nach dem Abendessen steht dafür der Rest des Tages zur Verfügung. Vordringlicher ist abends dann allerdings der Gesprächsbedarf in der Familie, im Freundes- und Bekanntenkreis, bis sich Müdigkeit breitmacht und nichts anderes mehr übrig bleibt, als sich dem Schlaf zu ergeben. Ähnlich verhält es sich mit den Zeiten des Lebens, wenngleich sie individuell höchst unterschiedlich ausfallen können, auch anders und feiner einzuteilen sind. Es ist ein Schritt zur Gelassenheit, ihnen die Zeit zu geben, die sie sich ohnehin nehmen. Das *erste Viertel des Lebens* entspricht dem frühen Morgen: Selbst wenn das Aufstehen mühsam ist, stehen dem jungen Menschen in den ersten Jahren und Jahrzehnten seines Lebens zahllose Möglichkeiten offen: Alles kann aus ihm werden. Er kann sich unsterblich fühlen im unendlichen Raum der Möglichkeiten, den er sich durch Spielen, Ausprobieren und Bildung erschließen kann. Es ist ein Leben im Vollgefühl des offenen Horizonts, die Zeit eines *möglichen Könnens.* »Ich kann das« heißt in dieser Zeit: Ich könnte, wenn ich nur wollte. Vom Anfang des Lebens an geschieht dabei ein Älterwerden, oft kaum merklich, dann in Schüben, die nicht so rasch zu bewältigen sind, wie sie überraschend kommen. Älter werden alle schon im Mutterleib, ohne es zu bemerken, ein dreijähriges Kind will dann rasch sechs, ein sechsjähriges zwölf, ein zwölfjähriges endlich 18 sein. Durch die Irritationen der Pubertät hindurch gewinnt das Älterwerden schließlich ganz andere Konturen als in den zurückliegenden Jahren. Konnte es den Kindern nicht schnell genug gehen, geht es den jungen Erwachsenen viel zu schnell, für Gelassenheit bleibt da wenig Raum. Manche wissen nun genau, was sie wollen, und wollen eilig weiterkommen, andere suchen noch und wollen an diesem Punkt lieber schon umkehren: »Ich fürchte mich davor, älter zu werden«, sagt mir eine 20-Jährige. Eventuell geht die Pubertät nahtlos in eine große Lebenskrise über, erste Enttäuschungen bei der Verwirklichung von Möglichkeiten in Beziehungen und Tätigkeiten verursachen womöglich eine *Quarterlifecrisis* (Abby Wilner und Alexandra Robbins, 2001).

Es geschieht sehr viel im ersten Viertel, fast beliebig viel lässt sich experimentieren, und alle Erfahrungen, die dabei gemacht werden, finden im Laufe des Lebens wieder Verwendung. Der Übergang zum *zweiten Viertel des Lebens* vollzieht sich als fliegender Wechsel, und erst am späteren Vormittag, um den 30. Geburtstag herum, stellt sich die Ahnung ein, dass der Horizont nicht auf Dauer so offen bleiben wird, wie es lange den Anschein hatte. Das ist nicht an die Jahreszahl gebunden, die zeitliche Schwankungsbreite ist groß, aber erstmals bricht die Frage auf: Welche Pläne lassen sich noch realisieren?

Die Zeit drängt, wenn es darum geht, langwierige Projekte in Angriff zu nehmen, etwa eine Familie zu gründen und berufliche Ziele zu erreichen. Größer als der äußere Druck ist der innere, endlich Festlegungen zu treffen und in der Beziehung zu sich, zu anderen und zur Welt an der Umsetzung von Ideen und Zielen zu arbeiten, sofern überhaupt jemals etwas verwirklicht werden soll. Kennzeichnend für diese Phase ist der Abschied vom Konjunktiv (»Ich könnte, wenn ich nur wollte«), um ein *wirkliches Können* unter Beweis zu stellen. »Ich kann das« heißt jetzt, tatsächlich etwas ins Werk zu setzen, auch über längere Zeiten hinweg und durch größere Schwierigkeiten hindurch. Die Begeisterung für die Arbeit daran übertrumpft die mögliche Überforderung des eigenen Selbst. Das starke Gefühl, mitten im Leben zu stehen, gestresst, aber kraftvoll und unbesiegbar, macht es leicht, das Älterwerden wieder zu vergessen.

Im vollen Lauf überqueren Menschen dann zwischen 40 und 50 Jahren die Mitte des Tages, die *Hälfte des Lebens*, gemessen daran, dass eine Lebensdauer von 80, 90 oder 100 Jahren in einer modernen Gesellschaft nicht völlig unwahrscheinlich ist (Stand frühes 21. Jahrhundert). Von nun an wird die Zahl der kommenden Jahre immer kleiner sein als die der vergangenen. Das Älterwerden ist einem auf den Fersen wie ein Stalker, der sich an kein Distanzgebot hält und dafür nicht einmal belangt werden kann. Das natürliche Einstimmen von Körper, Seele und Geist auf eine neue Lebensphase geht mit Turbulenzen einher, die an die Irritationen der Pubertät erinnern und sich ebenfalls Jahre hinziehen können. In der Zeit, in der das Lebensgefühl nach einem üppigen Mittagsmahl gesättigt, aber auch etwas gelähmt ist, wirkt das wie ein Schock. Gelassenheit ist in dieser Zeit wohl nur möglich, wenn die Bereitschaft groß ist, sich diesem Übergang zu überlassen.

Mit *Midlifecrisis* und *Wechseljahren* wandelt sich die Perspektive auf das Leben von Grund auf: Was lange ein *prospektives* Leben war, nach vorne offen und der Zukunft zugewandt (»Wie wird mein Leben sein? Was möchte ich erreichen und was kann ich dafür tun?«), wird mehr und mehr zu einem *retrospektiven* Leben, nach vorne enger werdend und folglich eher der Vergangenheit zugewandt (»Wie verlief mein Leben? Was habe ich bisher gemacht und erreicht?«).

War es in jüngeren Jahren nicht von Interesse, vom Älterwerden, Sterben und Tod irgendetwas zu sehen und zu hören, drängt sich der Gedanke daran jetzt von selbst auf, wenn er nicht mit Gewalt abgewiesen wird. Die eigene Lebenssituation verändert sich, und die neuen körperlichen und seelischen Erfahrungen wirken sich prompt auf die Sicht von Leben und Welt aus. Menschen sind an ihre Sichtweise gebunden, beeinflusst von ihrer Lebenssituation und ihrem Arbeitsumfeld, ihren Erfahrungen und Beziehungen. So dominant ist diese Sicht, dass eine andere kaum vorstellbar erscheint. Selbst wenn es möglich ist, sich in andere, etwa Ältere oder Jüngere, einzufühlen und hineinzudenken, ist deren Blickwinkel dennoch nicht der eigene. Eingeschränkt ist sicher auch die Perspektive, die jetzt erreicht wird und die vorherige als überholt erscheinen lässt, aber sie geht mit einem anderen Leben und Denken einher. Das Wissen um die Begrenztheit des Lebens wächst – und bleibt doch weiterhin sehr theoretisch, denn praktisch liegt die Grenze meist noch in weiter Ferne.

Dr. med. Eckart von Hirschhausen

Glück kommt selten allein …

© 2009, 2011 by Rowohlt Verlag GmbH,
Reinbek bei Hamburg
(S. 327–343)
Abdruck mit freundlicher Genehmigung

ALTER VERWALTER

Wir kommen aus Staub, wir werden zu Staub,
deshalb meinen die meisten,
es müsste in der Zwischenzeit darum gehen,
viel Staub aufzuwirbeln.

Ist der Tod das größte Unglück? Nein. Was ist ein schöner Tod? Einer, von dem man nichts mitbekommt? Das galt lange Zeit als eine besonders schlechte Variante, weil sie einen nicht nur des Lebens beraubt, sondern auch noch der Gelegenheit, seine Dinge zu ordnen und Tschüss zu sagen. Aber heute wollen die meisten nichts vom Altern und Sterben mitbekommen, weder dem eigenen noch dem anderer.

Ich kenne das aus dem Krankenhaus: Jemand, der unheilbar krank ist, freut sich riesig auf den Besuch seiner Freunde und seiner Familie am Nachmittag. Aber sobald sie da sind, darf er seine Freude nicht zeigen, denn alle erwarten, dass er mit Leidensmiene in ihren Schmerz mit einsteigt. Und dann dreht sich mitunter das Mitleid um, der Kranke heitert die Gesunden auf. In Hospizen wird viel gelacht. Denn dort haben die Todkranken erfahren, was G. B. Shaw so ausdrückt: »Das Leben hört nicht auf, komisch zu sein, wenn wir sterben. Genauso wenig, wie es aufhört, ernst zu sein, wenn man lacht.«

Viele Menschen glauben, die Kindheit und Jugend wären die Zeiten des unbeschwerten Glücks, das Alter die Zeit der Tristesse. Die empirische Glücksforschung sagt aber genau das Gegenteil: Nach dem 50. Lebensjahr nimmt für viele Menschen ihre Zufriedenheit stark zu. Dennoch will eigentlich keiner älter werden. Auf Cremetuben steht gerne »Anti-Aging». Gegen-Altern. Wie zufrieden man im Herbst des Lebens sein kann, hat weniger mit der Hautalterung, sondern mehr mit der Abnutzung oder Reifung der Seele zu tun, profaner: mit unserem Hirn. Und das Blödeste, was mit all den Cremes, Hormonen und Vitaminpillen gegen das Altern passieren könnte: dass sie tatsächlich wirken! Denn die meisten wirken nur auf den Körper und nicht auf das Hirn, weil dies durch die Blut-Hirn-Schranke besonders gut vor fremden Substanzen geschützt wird. Man stelle sich vor: Der Kopf altert, der Körper verjüngt sich. Eines Tages hast du Alzheimer, dein Körper kommt aber wieder in die Pubertät! Du kannst plötzlich wieder alles – weißt aber nicht, warum!

Gäbe es den Tod nicht, man müsste ihn erfinden. Ein ewiges Leben wäre zum Sterben langweilig! Ohne irgendein Ende gäbe es keinen Anfang und keine Mitte! Keinen Rhythmus, keine Melodie, kein Finale! Ohne Tod wird der Sensenmann zahnlos. Dabei brauchen wir den Zahn der Zeit, der an uns nagt, mal fies an den Gelenken, aber wenn wir hinhören, auch mal liebevoll am Ohrläppchen. In jedem schlechten amerikanischen Film kommt die dramatische Wendung, wenn der Sympathieträger plötzlich und unerwartet erfährt: »Sie haben nur noch eine begrenzte Zeit zu leben.« Mal ganz ehrlich: Das gilt für uns alle!

Unsterblich wird man nur, wenn man sehr früh stirbt – so wie Marilyn Monroe oder noch besser: James Dean. Ewig jung, ewig rebellisch. Ewig schön. Von dem gibt es keine Fotos mit Falten und Bierbauch über der Badehose. Aber aus Angst vor der Sterblichkeit schon früher abtreten, damit man länger in Erinnerung bleibt? Davon hat man wahrscheinlich selbst am wenigsten.

Ich glaube an ein Leben nach dem Tod. Zumindest in Teilen. Und der sicherste Weg, auch über den Tod hinaus noch bis zu sechs andere Menschen glücklich zu machen, ist ein Organspendeausweis. Geben Sie Ihrer Leber eine zweite Chance! Man kann sogar Hornhaut spenden. Sollte man sie also, anstatt sie an der Ferse wegzuraspeln, schon mal sammeln? Nein – gemeint ist die Hornhaut am Auge. Die kann jemandem mit getrübtem Blick schöne Augenblicke schenken, wenn wir unsere Augen schon zugemacht haben. Davor sollten wir nicht die Augen verschließen.

Wie ein ungeduldiges Kind denken wir zeit unseres Lebens:

»Wann geht es denn endlich los?« Nach dem Kindergarten, nach der Schule, nach der Ausbildung? Mit 50 denken wir immer noch: Wenn ich erst pensioniert bin, geht das Leben los. Und wenn ich vom Arzt eine Diagnose bekomme, weiß ich, das Leben geht nicht mehr los, es ist schon losgegangen, ohne dass ich das gemerkt habe.

Randy Pausch, der amerikanische Computerwissenschaftler, der 2008 mit 48 Jahren an Bauchspeicheldrüsenkrebs verstarb, hielt seine letzte Vorlesung über den Wert von Kinderträumen. Seine unglaublich rührende, traurige und gleichzeitig witzige und tröstliche »last lecture« hat mich schwer beeindruckt. Sie enthält eine große Lektion für uns alle: Verrate deine Kinderträume nicht! Den Tod vor Augen, erinnerte Pausch Millionen

Das Glück der späten Jahre

wieder daran: Wenn wir sterben, bereuen wir nicht so sehr, was wir Falsches getan haben, sondern was wir gar nicht getan haben!

Leider wird auch das inzwischen durch Listen wie »1000 Dinge, die du tun musst, bevor du stirbst« zu einer stressigen Pflichtveranstaltung. Aber das Leben ist schon die Kür! Keine Probe, es ist die Premiere! Live – ohne Decoder zu empfangen! Jeden Tag. Jetzt. In Farbe. Und mit mehr Dimensionen als jede 3-D-Animation. Darum: Lebe jeden Tag so, als wäre es dein letzter, eines Tages wirst du recht behalten!

Noch ein Nachgedanke: Was soll eigentlich die Nachwelt von uns halten? Die Philosophen sagen immer: Leben ist die Vorbereitung auf den Tod. Aber wenn er dann kommt, erwischt es doch die meisten anscheinend unvorbereitet. Von den großen Denkern kann man lernen, den eigenen Abgang wenigstens verbal vorzubereiten. Das heißt nicht, zwischendurch nicht auch zu leben. Aber ein cooler Spruch auf dem Sterbebett macht einen guten letzten Eindruck. Nicht, dass du dann ins Stottern gerätst. So wie Goethe, und noch 200 Jahre später rätselt die gesamte Welt: Was wollte er uns damit sagen?

Der amerikanische Dichter Walt Whitman suchte jahrelang nach einer bedeutsamen Äußerung, die einmal auf seinem Sterbebett sein poetisches Lebenswerk zusammenfassen und krönen sollte. Aber im entscheidenden Moment rutschte ihm nur raus: »Shit!« Das ist tatsächlich überliefert worden.

Viele letzte Worte sind dagegen vermutet, von »Wenn der nicht abblendet, mach ich das auch nicht« über »Kümmert euch nicht drum, das ist sicher wieder nur so ein Fehlalarm« bis hin zum Klassiker »Ich hab Vorfahrt«.

Humphrey Bogart starb in Reue und Größe: »Ich hätte nicht von Scotch zu den Martinis wechseln sollen.« Johnny Carson, der Vater aller Talkshows, bestimmte schon zu Lebzeiten, was auf seinem Grabstein stehen sollte: das, was er in seiner Sendung vor jeder Werbeunterbrechung immer gesagt hatte: »I'll be right back – Ich bin gleich wieder da!« Ein positiver Abgang. Typisch amerikanisch. Ein guter Deutscher bleibt auch der Nachwelt gegenüber nachtragend. Wie wäre es mit dieser Widmung auf dem Grabstein: »Typisch, jetzt, wo ich endlich mal Zeit hätte, kommt keiner vorbei!«

ZUKUNFT JETZT!

Ich wurde trübselig, als ich an die Zukunft dachte. Und so ließ ich es bleiben und ging Orangenmarmelade kochen. Es ist erstaunlich, wie es einen aufmuntert, wenn man Orangen zerschneidet und den Fußboden schrubbt.

D. H. Lawrence

Future Rose Garden. Hier entsteht ein Rosengarten. Das ist Hoffnung. Seht, die Blüte ist nahe! Das Bild von einem Schild mit der Aufschrift »Future Rose Garden« vor einem brauen Acker machte ich auf Madeira in einer Gartenanlage und musste herzhaft lachen. Denn es gibt kaum eine wichtigere ärztliche oder therapeutische Aufgabe, als zu sagen: »Das wird schon wieder!« Das Wunderbare ist, beim Anblick dieses Fotos sprießen in unserer Vorstellung bereits die Knospen.

Damit die Hoffnung aber nicht trügt, muss sie halbwegs glaubwürdig sein. Man kann nicht im Nachhinein sagen: »Ich hab dir nie einen Rosengarten versprochen«, wenn man es getan hat. Zwischen blühenden Landschaften und blühendem Unsinn liegt oft nur das kleine Wörtchen »und«. Viele Wahrsager machen sich den gleichen Mechanismus zunutze wie Politiker: sich nicht festlegen, aber bei positiven Änderungen behaupten, dass man dafür verantwortlich ist. Vage Hoffnungen sind leichter zu erfüllen als präzise.

Die selbsterfüllende Prophezeiung ist deshalb eine Mogelpackung. Wir merken selten, dass wir selbst einen Beitrag geleistet haben, damit die Prophezeiung auch genauso eintritt. Wenn gewarnt wird: »Das Benzin wird knapp«, gehen alle tanken. Und was passiert? Das Benzin wird in der Tat knapp, und alle Warner fühlen sich bestätigt.

Der Mensch ist das einzige Tier, das an die Zukunft denkt, sagt der Psychologe Daniel Gilbert. Kein Maulwurf denkt beim Essen daran, dass er zu dick werden könnte, kein Elefant macht sich Sorgen um die Falten an seinen Augen, kein Panda meint, nächstes Jahr fahre ich ein größeres Auto. Nur wir Menschen malen uns die Zukunft aus und verbringen damit mindestens eine Stunde am Tag. Das kann mitunter ja sehr schön und erhellend sein, aber nicht für alle. Momentan glaubt nicht mal die Hälfte der Deutschen an eine bessere Zukunft. Weniger als drei Prozent meinen, dieses Land sei durch Politik reformierbar. Weniger als drei Prozent – wissen Sie, was das heißt? Nicht mal jeder Politiker! Wer zum Schwarzsehen neigt, macht sich damit die Gegenwart unnötig schwer. Da macht man sich Sorgen, die für 200 Jahre reichen, aber die wenigsten werden tatsächlich so alt. Wie viel Zeit verbringen wir damit, über Dinge zu grübeln, die wir nicht mehr ändern können, oder vor Dingen Angst zu haben, die nie eintreffen werden! Was uns wirklich aus der Bahn wirft, haben wir meistens ohnehin nicht bedacht.

Gilberts Studien an der Harvard University zeigten, dass wir systematisch verzerren, und zwar sowohl die Vergangenheit als auch das, wovon wir glauben, dass es künftig noch passieren wird. Glücklicherweise sind die meisten dabei eher mit rosaroter als mit dunkler Brille unterwegs. Entgegen jeder Statistik glaubt die Mehrheit nicht daran, von etwas Häufigem betroffen zu sein: weder von einem Herzinfarkt noch einem Autounfall oder Zahnfleischbluten. Irgendwie denkt jeder, dass so etwas nur die anderen betrifft und unsere persönliche Zukunft besser sein wird als die Gegenwart. Ist das nicht ein schöner Gedanke? Wir glauben, dass wir in Zukunft mehr Reisen machen werden als bisher, dass wir etwas Großes leisten werden, was dann auch in der Zeitung stehen wird, und dass unsere Kinder talentierter sein werden als die der anderen. Sogar Krebspatienten trotzen der Realität: Sie denken optimistischer in Bezug auf die Zukunft als gesunde Menschen.

Das Prinzip Hoffnung wirkt wie ein antidepressives Medikament und lässt uns am Leben teilnehmen. Depressive schätzen ihre Möglichkeiten, die Gegenwart und Zukunft in bestimmten Bereichen zu verändern, realistischer ein als psychisch »Gesunde«. Daraus kann man tatsächlich folgern: Ein gewisses Maß an Selbstüberschätzung ist Teil seelischer Gesundheit. Und das fällt Männern grundsätzlich leichter als Frauen. Wird ein neuer Job ausgeschrieben, denkt der Mann viel eher, er sei der Richtige für diese Position, auch wenn er davon keine Ahnung hat. Von sich selbst überzeugt, geht er ins Bewerbungsgespräch, bekommt sogar den Job, fällt auf die Schnauze und lernt im besten Fall dazu. Die Frau hält eher einmal zu viel als einmal zu wenig den Mund im Bewerbungsgespräch, weil sie sich realistischer einschätzt, bekommt aber auch den Job nicht.

Eine der größten Glücksfallen, in die ich regelmäßig tappe, ist die Idee, in Zukunft mehr Zeit zu haben als jetzt. Wie oft habe ich schon Freunde vertröstet mit den Sätzen: »Jetzt ist gerade viel los, aber nächste Woche, nächsten Monat, nächstes Jahr wird alles anders. Dann nehme ich mir weniger vor und halte mich ein bisschen mehr an das, was ich anderen immer predige.« Diesen Vorsatz, mehr Zeit für Freunde zu haben und weniger zu arbeiten, schleppe ich seit ungefähr 20 Jahren mit mir herum, aber nächstes Jahr setze ich ihn um, ganz sicher. Mein kleiner Trost dabei ist: Auch hoch bezahlte Experten, Manager und sogar Zukunftsforscher liegen mit ihren Prognosen genauso daneben wie Börsengurus oder andere dubiose Wahrsager oder Astrologen. Nur sind Expertenirrtümer meistens teurer, vorher und nachher. Der Sony-Manager, dem seine Entwicklungsabteilung den Walkman vorstellte, sagte: »Wer will denn schon unterwegs Musik hören, das wollen die Leute zu Hause.« Als die SMS als Abfallprodukt des Mobilfunks entwickelt wurde, sagten die Chefs: »Wer wird denn Textzeichen schicken, wenn er auch anrufen kann?« Und 1984 urteilte die vertrauenswürdigste Institution Deutschlands, die Stiftung Warentest, wörtlich: »Unser Rat: Bevor Sie sich für den Kauf eines Heimcomputers entscheiden, überlegen Sie genau, was Sie damit tun wollen. Möglicherweise reicht für Ihre Zwecke ein simpler Taschenrechner. Für Heimcomputer gibt es nur wenig Einsatzmöglichkeiten.« Und heute schicken wir Links zum Downloaden von Musik per SMS vom Computer aufs Handy. Unvorstellbar, dass sich das keiner vorstellen konnte, bis es so weit war.

Während ich dies schreibe, kann ich nicht wissen, wann Sie dieses Buch lesen, wie der Ölpreis dann gerade steht und wo die TSG Hoffenheim. Aber jeder will ein Guru sein, und rein statistisch wird auch irgendeiner aus dem Chor der Propheten mit seiner Prognose richtigliegen. Es ist nie dieselbe Person, und man kann nicht vorhersehen, wer es das nächste Mal sein wird. Gerade bei Börsenprognosen gilt: Wenn ein Experte sich wirklich sicher wäre, würde er das nicht öffentlich kundtun, sondern für sich im Stillen sein Wissen nutzen. So bleibt die einzig belastbare Vorhersage: Es kommt selten so, wie es die Mehrheit voraussagt.

Was heißt das für unser Glück? Wir glauben gerne, dass wir unser Schicksal beeinflussen können, wenn wir die Dinge selbst in die Hand nehmen. Wer seine Aktien selbst zusammenstellt, meint, erfolgreicher sein zu können als ein Fonds. Wir wollen beim Würfeln selbst den Becher schütteln und dreimal draufspucken können, dann fallen die Würfel anders. Glauben Sie das auch? Viele sind »aus dem Bauch heraus« davon überzeugt, bei einer Lotterie eher zu gewinnen, wenn sie die Lose selbst ziehen könnten anstatt die Lottofee. Was wir von unserem Los tatsächlich in der Hand haben, ist eine große Frage. Und zu Recht ist das Gebet populär: »Gott gebe mir Kraft, Dinge zu tun, die ich ändern kann. Gelassenheit, Dinge hinzunehmen, die ich nicht ändern kann. Und die Weisheit, das eine vom anderen zu unterscheiden!«

Wir amüsieren uns als Erwachsene, wenn wir Kindern »schlaue« Fragen stellen wie: Was willste denn mal werden? Ein Vierjähriger sagt: »Baumkletterer«, weil er gerade die Freude am Baumklettern entdeckt hat. Das Kind ist ganz in der Gegenwart und unterscheidet nicht zwischen dem, was es jetzt für erstrebenswert hält und was später. Wir belächeln das, weil wir genau wissen, dass sich das »auswächst«. Aber wir Ausgewachsene haben aus unseren eigenen Erfahrungen wenig gelernt und können zumeist genauso wenig unterscheiden, was aus unserer heutigen Sicht eine glückliche Zukunft sein wird und was wir uns aus Sicht der Zukunft heute wünschen sollten.

Da könnte man doch auf die Palme gehen, wenn man denn wenigstens Baumkletterer geblieben wäre. Wir können uns die Zukunft nicht wirklich vorstellen, bis sie da ist. Zum Glück kommt sie ja nicht gleich am Stück, sondern immer nur Tag für Tag. Nur dadurch ist der Unterschied zur Gegenwart erträglich portioniert.

Der sicherste Weg zu wissen, wie glücklich ein Mensch in Zukunft sein wird, ist, zu schauen, wie glücklich er jetzt im Moment ist. Und deshalb nehme ich mir für die Zukunft nur noch eins vor: mehr in der Gegenwart zu leben, Glück zu erleben, Freunde zu treffen, Zeit zu haben. Ab morgen!

Die Indianer wollen von ihrem Medizinmann wissen, wie der kommende Winter wird. Aber der Medizinmann weiß nicht mehr viel von der Kunst der Ahnen, das Wetter vorherzusagen. Er will lieber auf der sicheren Seite sein und rät: »Es wird ein harter Winter.«
In Panik rennen die Indianer los und sammeln Holz. Nachdem alles in der näheren Umgebung aufgeklaubt ist, fragen sie wieder:
»Wird es wirklich ein harter Winter?«
»Ja«, sagt der Medizinmann, woraufhin die Indianer noch weiter ausschwärmen, um auch das letzte Holz einzusammeln.
Der Medizinmann bekommt ein schlechtes Gewissen und ruft sicherheitshalber beim Wetterdienst an. Die Meteorologen sagen:
»Ja, es wird ein harter Winter!«
Er fragt nach: »Sind Sie sich da ganz sicher?«
Der Wetterdienst: »Ja, wir haben untrügliche Zeichen!«
»Welche denn?«
»Das bleibt unter uns: Die Indianer sammeln Holz!«

STILLE HALTEN

Hätte ich die Kraft, nichts zu tun –
täte ich nichts.

Warum kaufen so viele Menschen Mineralwasser ohne Kohlensäure? – Wegen der STILLE! Die holen sich kistenweise »stilles Wasser«, aber im Grunde ihres Herzens wollen sie gar nicht das Wasser, sie sehnen sich nach der Stille. Wenn die wüssten, dass man Stille auch ohne Wasser bekommen kann, dann müssten sie sich nicht so abschleppen. »Stille!« ist ein Befehl. Eine leise, aber bestimmte Aufforderung: Stille deinen Durst. Durst ist eines der wenigen Gefühle, die selbst Männer wahrnehmen und artikulieren können. Wobei es nach dem Durststillen mit dem Artikulieren bisweilen schwieriger wird. Aber trinken kann eben auch nonverbal tief empfunden werden. Nicht umsonst kommt das Wort »stillen« nur in Kombination mit Getränk und Mutterbrust vor. Der Durst nach Stille ist schwer zu stillen, wenn wir ihn denn erst einmal wahrnehmen.

Wie laut ich selbst bin, merke ich am besten im Kontrast, zum Beispiel am Meer. Lange Zeit habe ich Sylt gemieden. Ich dachte immer, das sei die Insel der Reichen und Schönen. Seit ich dort war, weiß ich, es stimmt– aber es sind zwei verschiedene Gruppen.

Ich erinnere mich noch genau, wie ich das erste Mal dort war. Ich kam in Westerland am Bahnhof an und sagte zum erstbesten Einheimischen: »Sind Sie von hier? Wie komme ich am schnellsten zum Strand?« Der schaute mich lange an, bis er sagte: »Moin!« Und gefühlte Stunden später schnackte er weiter: »Mein Junge, nicht so hektisch. Weißt du überhaupt, wo du hier gelandet bist?« Ich antwortete: »Klar, Sylt. Schöne Insel, hab ich mir sagen lassen, mit ein paar Problemen, Erosion und so, hab mich informiert!«

»Na, da haste doch alle Antworten!«

»Versteh ich nicht.«

»Du willst schnell zum Strand? Nimm dir ein bisschen mehr Zeit und bleib hier stehen. Dann kommt der Strand zu dir, von ganz alleine!«

Das ist Gelassenheit. Er nahm mich mit ans Meer und sagte:

»Ihr Städter habt keine Ahnung mehr von den Zeichen der Natur. Wenn du ins Wasser gehst und rauskommst und trocken bist, will die Natur dir etwas sagen.«

»Was denn?«

»Ebbe!«

Dann nahm er eine Muschel und sagte: »Halte die mal an dein Ohr!«

Und Sie werden es nicht glauben: Ich hörte das Meer rauschen. Dann sagte er: »Eckart, noch eins. Wenn du am Meer stehst, kannst du es sogar auch ohne Muschel hören!«

Und er hatte so recht! Aber ich hatte vorher gar nicht hingehört.

Wir müssen nicht nach Indien in einen Ashram oder zum Zen-Kloster nach Japan, um spirituelle Erfahrungen zu machen. Es reicht, da hinzuhören oder uns dorthin zu setzen, wo wir gerade stehen. Und im Sitzen darüber nachzudenken: Wo stehe ich gerade? Und nach und nach das Denken sich selbst zu überlassen und uns an dem Gequake der Gedanken zu erheitern. Der Knallfrosch in unserem Kopf springt herum, schnappt nach allem, was sich bewegt, und quakt pausenlos dazwischen. Stille zu üben ist Anti-Frosch-Training.

Kommt ein Mann zum Arzt mit einem Frosch auf dem Kopf. Fragt der Arzt: »*Wo haben Sie den denn her?*« *Sagt der Frosch:* »*Den hab ich mir eingetreten!*«

Ich kann Gedanken lesen! Sie haben gerade gedacht: »Den kenne ich schon.« Aber ist das nicht bei den meisten Gedanken so?

Stille ist wie ein Witz. Wir erwarten, dass etwas Großartiges passiert, und was kommt? Nichts! Das ist im Grunde so komisch, dass ich mich immer wundere, wie ernst die Leute beim Meditieren gucken. Das ist bei den Christen nicht anders. Mehr Menschen würden vielleicht die Botschaft von Jesus verstehen, wenn diejenigen, die an den Erlöser glauben, auch ein bisschen erlöster gucken würden.

Wenn man an Kirche denkt, denken viele an Mittelalter, aber immer nur an die Kreuzzüge und nicht an die Mystiker, die damals schon weiter waren als viele New-Age-Gurus. Zum Beispiel der Meister Eckhart, der sagte: »Wenn ihr meint, Gott eher in der Kirche zu finden als im Stall, liegt das an euch und nicht an Gott.« Die christlichen Mystiker versenkten sich in die Stille mit sehr ähnlichen Methoden, wie sie überall auf der Welt zu finden sind und wie sie überall auf der Welt gerade wieder entdeckt werden, auch von Ärzten und Therapeuten. Denn die Methoden der Meditation funktionieren auch wunderbar ohne die jeweilige Religion. Sie verändern die Wahrnehmung,

Dr. med. Eckart von Hirschhausen

das Denken und – das Glücksempfinden. Und deshalb erzähle ich Ihnen davon. Wahrscheinlich ist es der Erleuchtung egal, wie wir sie erreichen – und ob überhaupt.
Mit tiefer Liebe, Glück und Erleuchtung ist es ohnehin so: Wer es wirklich erfahren hat, hat wenig Lust, viele
Worte darüber zu verlieren.

Zumindest auf Röntgenbildern kann man etwas von
der Erleuchtung sehen. Im Frontalhirn leuchtet etwas auf.
Die enge Röhre eines lärmenden Magnetresonanztomo-
grafen ist wohl einer der seltsamsten Orte, an dem man
seinen Geist in den Zustand des »vorbehaltlosen Mitge-
fühls« versetzen kann, aber gut, wenn man das jahrelang
geübt hat. Zu Versuchspersonen in Richard Davidsons
Hirnforschungslabor wurden auf Geheiß des Dalai-Lama
höchstpersönlich acht Mönche aus seinem engsten Kreis.
Die Befunde belegen, was praktizierende Buddhisten seit
2500 Jahren vertreten: Meditation und mentale Disziplin
führen zu grundlegenden Veränderungen im Gehirn. Bereits vor einigen Jahren sorgte ein indischer Abt mit mehr
als 10 000 Stunden Meditationserfahrung für eine große
Überraschung. Die Aktivität in seinem linken Stirnhirn
war sehr viel höher als bei den 150 Nichtbuddhisten. Optimistische Typen haben einen aktiveren linken Frontal-
kortex als unglücklichere Naturen. Offenbar hält dieses
Hirnareal schlechte Gefühle im Zaum – und sorgt für die
heitere Ausgeglichenheit und Gemütsruhe, die so viele
Buddhisten auszeichnet. »Glück ist eine Fertigkeit, die sich
erlernen lässt wie eine Sportart oder das Spielen eines Mu-
sikinstruments«, lautet Davidsons Schlussfolgerung. »Wer
übt, wird immer besser.« Man kann ja erst mal mit medi-
tativem Bogenschießen anfangen. Bogenschießen braucht
eine irre Konzentration. Geradeaus ist ja schon schwer.

Ich spreche aus Erfahrung. Ich habe versucht, »Kontemplation« zu lernen. Im Ernst, aber mein Komikerhirn

Das Glück der späten Jahre

hat sich gesträubt. Bei Kontemplation bemüht man sich, nichts zu denken, und setzt sich dafür vor eine Wand. Andere fahren dafür gegen eine Wand. Beim Zen sitzt man auf einem harten Kissen und schweigt. Dann läuft man nach einer halben Stunde im Kreis, damit die Beine nicht einschlafen und man selbst auch nicht. Und dann sitzt man wieder auf seinem Platz. Das Herumlaufen heißt Kinhin und ist so eine Art Reise nach Jerusalem für Pazifisten. Denn es wird ja während des Laufens kein Platz weggenommen. Aber wie da alle mit gesenktem Blick im Kreis schreiten, erinnert mich an den Charme eines Strafgefangenenlagers. Gefangene in ihrem Ego. Was ist Zen-Meditation anderes als ein Nach-Sitzen in der Schule des Lebens? Erleuchtung ist eine Riesenenttäuschung! Auf etwas zu warten heißt ja, dass es noch nicht da ist. Das Sitzen lohnt sich, aber es gibt keine Belohnung. Ich hatte das über fünf Tage durchgezogen und durchlitten, plötzlich passierte etwas. Es gab diese eine kleine Pause im Gequake meiner Gedanken, eine tiefe Ruhe erfasste mich. Ich bekam Gänsehaut, so schön war es auf einmal. Ein kleines Ein-mal-eins-Sein. Eine Atempause lang, ein großer leiser Glücksmoment zwischen ein – und aus. Den Rest finden Sie für sich selbst heraus.

Ob Sie nun Meditieren lernen, Angeln oder Stricken – Hauptsache, Sie praktizieren Pause machen, abschalten, Muster unterbrechen und erfrischt aus der Trance auftauchen. Manche gucken auch Formel 1, das ist wie Hypnose und macht offenbar auch ähnlich schmerzfrei. Zumindest was die Kleidung vor dem Fernseher betrifft – völlig schmerzfrei.

Wahrscheinlich haben auch Dösen und Tagträumen einen ähnlichen Effekt. Also machen Sie sich das mit dem »Nichts« nicht zu kompliziert. Sie können auch ans Meer

Dr. med. Eckart von Hirschhausen

fahren und den Wellen lauschen. Oder zu Hause bleiben und schöne Musik hören. Sänger sagen auch: Das Wichtigste in der Musik sind die Pausen. Die Zeit ist eine geniale Erfindung, die verhindert, dass alles zur gleichen Zeit passiert. Pausen geben uns Struktur. Und wenn man runterschaltet, dehnt sich die Zeit. Das Nichts nährt uns auf eine wundersame Art und Weise. Wer Hunger hatte, ist nach dem Essen »satt«. Für das Gegenteil von Durst gibt es kein Wort – aus gutem Grund! Aus tiefem Grund. Denn unser tiefster Durst kann ohnehin nie gesättigt, nur immer wieder »gestillt« werden. In diesem Sinne: eine Schweigeminute – auf die Stille!

Wenn Sie **Interesse** an
unseren Büchern haben,

z. B. als Geschenk für Ihre Kundenbindungsprojekte, fordern Sie unsere attraktiven Sonderkonditionen an.

Weitere Informationen erhalten Sie von unserem Vertriebsteam unter +49 89 651285-252

oder schreiben Sie uns per E-Mail an:
vertrieb@mv-vg.de